網路小
Novel@1
愛或被愛的選擇題，讓找尋幸福的人迷失了自己。
愛·原來
Micat著
愛著一個人，就像在心裡藏進無數甜甜的祕密， 即使心酸也是美好的。
而被一個人愛著，身邊彷彿有陽光暖暖地圍繞，連落下的眼淚都能微笑著擦
愛人與被愛都是一種幸福，要如何選擇，才能找到情感的歸屬？

從國中開始，數學成績就沒有及格過的我，沒想到上了大學竟然尷尬地念了有一堆數字惡魔的會計系。由於我本身沒什麼特別的興趣及特別想念的學校與科系，所以塡自願的那一刻，我唯一做的就只是虔誠地向老天爺祈禱，把我和兩個死黨安排在學長就讀的學校，然後什麼都沒考慮，便把生死大權交給老天爺操控。

很幸運地，老天爺似乎感受到了我的虔敬，大發慈悲地把我和育鎂、呆寶這兩個高中死黨安排在學長就讀的大學裡，算是靈驗地讓我們三個人如願以償。不過老天爺之所以能當這麼久的老天爺，我想也在於祂是個不簡單的角色，當然也有可能純粹是因爲祂在百忙之中忽略了我是數學笨蛋，總之，伴隨著神蹟的結果就是，呆寶如願讀了他想進入的應用數學，育鎂則上了她最想讀的觀光系，至於我，被硬生生地丟進這恐怖的數字叢林中。事後根據呆寶的說法是，我忽略了所謂的念力，因爲他和育鎂在放榜的前一天，都努力地淨空思緒，運用念力，專心地祈禱自己能如願考上喜歡的科系。

「誰叫妳在我們努力發功的時候，要跑去呼呼大睡？」記得呆寶說這句話揶揄我的時候，是一邊挖著鼻孔的。

總之，每當我覺得自己將在會計習題裡暴斃身亡，或者快在數字與演算符號堆裡溺死的時候，我就會懷疑這會不會根本是老天爺在懲罰我沒主見，胡亂選系的行爲。不過關於這一點，育鎂總會在一旁叮嚀著要我改變一下心態，她說與其老覺得老天爺是想懲罰我胡亂選系，倒不如換個角度去想，說不定老天爺其實是想給我一個開發數學潛能的機會。這樣思考，還輕鬆自在一點。

的確，換個角度想，好像眞的輕鬆多了。

喔！對了，忘了介紹我的名字。

我叫黃巧華，很簡單、很平凡的名字，像一張塗了單一顏色的圖畫紙，少了點綴般地單調。

然後呢……當你「巧華、巧華」地唸快了，就會發現從自己嘴裡蹦出來的音會愈來愈接近「小蛙」兩個字。所以儘管我本來還期望上了大學能有不一樣或是淑女一點的綽號，但最後還是被發現這個我一直想掩蓋的祕密。

大學第一次班會時，我上台自我介紹，說到一半，班導打斷了我的話，自認幽默地問有沒有人叫我「小蛙」，當下我就已經徹底死心，並且說服自己應該乖乖認清事實，因爲除非我改名，然後再到一個沒有人認識我的全新環境，否則「黃小蛙」這個綽號還是會一直像個強力便利貼一樣，緊緊黏在我身上。

其實在我國小四年級時就已經發現，我名字的諧音不只是接近「黃小蛙」而已，有時候唸起來也很接近「狡猾」兩個字。當我哭著求爸爸幫我改名字，結果被他訓了一頓還要我罰寫一百遍名字加注音的時候，爸爸還自以爲很有父愛地安慰我，說我應該偷偷慶幸我們的祖先不姓「曾」才對。

我看著手中的社團宣傳單，每一張都設計得相當精美。

學長有沒有參加社團呢？要怎麼才能知道學長到底參加了什麼社？

「發呆喔！」育鎂提著便當坐在我旁邊的座位，開學的第二天，她便燙了一頭時尚的大波浪髮型。

「呆寶怎麼還沒來？」我將傳單放著，接過育鎂遞過來的便當。

「我叫他去排隊買飲料了，我們先吃吧！」育鎂打開便當盒，夾起炸雞腿就咬了一口。

「不等他喔？」

我拋出問句的同時，呆寶的聲音便從教室門口傳了過來，標準的人未到聲先到，「太不夠意思了吧！我辛苦排隊買飲料，妳們竟然沒有等我就要開動了？」

「囉唆啦！」育鎂毫不客氣地瞪了呆寶一眼，「快來吃吧！」

「好啦！」呆寶也還了個鬼臉，拿了自己的便當後，還是體貼地將飲料分別放在我們面前。

「呆寶，謝了，你快吃吧！」我指著他的便當。

「嗯，還是妳有良心，不像某人……」呆寶稱讚我時，還故意睨了育鎂一眼。

「死呆寶，你說話再繼續帶刺沒關係啊！」

「好啦！邊吃飯邊吵架，有礙消化耶！」我跳了出來，扮演起我一直勝任愉快的和事佬角色。

這和事佬的角色，在高中時我整整扮演了三個年頭，而且當學校的錄取榜單公布，我看見我們的名字很巧地被列在同一所大學時，我就知道，雖然不同系，可是這樣的角色，未來我還得繼續扮演下去。

儘管如此，能夠和高中時的好朋友就讀同一所大學，甚至能在完全陌生的異鄉互相陪伴，我其實已經相當滿足，所以如果能這樣繼續相處在一起，就算要我當一百年的和事佬，我也心甘情願。

「對了，」呆寶嘴裡塞滿了飯，指著我桌上的傳單，「妳們想好要加入什麼社團嗎？」

我聳聳肩，「沒有耶！不過最近超多學長姊到班上來召集新社員的。」

「是啊！」育鎂甩甩她的一頭捲髮，「我想參加花藝社。」

「噗！」呆寶笑了一聲，差點將嘴裡的飯噴在我臉上，「花藝社？」

「怎樣？不行嗎？」

呆寶急忙將嘴裡的飯吞下，咳了幾聲後，還誇張地放下筷子挖挖耳朵，「我沒有聽錯什麼吧？花藝社耶！」

「囉唆啦！」育鎂蹦出了她的口頭禪，「老娘我就是要參加花藝社。」

「看來我應該提早為那些花花草草哀悼了。」這一次，呆寶又故意裝出擦眼淚的動作。

「你再亂發表意見，當心我戳瞎你眼睛。」育鎂惡狠狠的，但把臉轉向我的時候，眼神立刻變得柔和，「那小蛙呢？」

「我沒有特別想參加的，不過……」

「妳在問廢話嗎？想也知道小蛙優先考慮的一定是學長啊！」呆寶打斷了我的話，說到「學長」兩個字，還故意賊賊地笑了。

「那妳去調查了沒？」

「當然還沒啊！無從調查起吧！社團這麼多……」

「哈！別擔心，一切都包在我身上。」呆寶拍拍胸脯，「我來幫妳調查，而且妳放心，我一定在最短的時間內調查出來。」

「那就拜託你囉！」

「不過，我說小蛙啊……」

「嗯？」我將目光從便當移到育鎂的臉上。

「如果得知學長參加的社團，妳就會去參加嗎？」

我點點頭，毫不猶豫，「當然。」

「任何一個社團？」

「是的。」

「如果是什麼稀奇古怪的社團呢？」

「稀奇古怪？」我皺起了眉，很難理解育鎂口中「稀奇古怪的社團」究竟是哪種社團。

「對啊！像是神蹟研究社啊……珍禽異獸研究社啊……幽靈事件研究社啊……」

「不會吧！有這種社喔？」

「搞不好喔！」育鎂煞有其事地說著。

呆寶抿抿嘴，右手摸著他的鬍渣，「育鎂，妳幹麼這樣嚇小蛙啦！」

「我只是想運用誇飾法強調而已。」

「唉呀！不管怎樣，只要呆寶問出了學長參加的社團，我就一定要參加！為了和學長同一所大學，我都能這樣拚命念書了，稀奇古怪的社團算什麼？」

「嗯，說得也對啦！」

「快吃飯吧！」我咬了一口雞腿，「你們等一下還有課嗎？」

一向針鋒相對的呆寶和育鎂竟然很有默契地同時點了頭。

「唉……我也是，我還得繃緊神經面對基礎會計這個世紀大惡魔呢！」

一想到令人胃痛的基礎會計，本來胃口很好的我，也突然變得毫無食慾了。

「所以，下次要完成黑板上的題目嗎？」老師走出教室後，我垂頭喪氣地指著黑板問坐在我隔壁的昊澤。

「嗯。」他點點頭。

「超多的耶！老師眞的是被蹺課的同學氣炸了。」

「開學才兩個多月而已，大家就開始學會蹺課，老師不氣也難。」

「也對……」我嘆了一口氣，「可是我們明明就乖乖來上課了，卻還得受到波及，眞說不過去。」

昊澤闔上了他的課本，「哈，管他的，做好自己的本分吧！我應該今天晚上就會寫好，明天通識課拿給妳。」

「眞的嗎？」我睜大了眼睛，像看著救世主般地看著昊澤。

「嗯，我哪時候騙過妳了？」

「好，那就拜託你囉！明天請你喝飲料。」我一邊開心地拍拍昊澤的肩膀，一邊在心裡因爲昊澤的好心而感動。

「明天通識課別忘了幫我佔個位置。」

「那有什麼問題！包在我身上。」

「那就謝謝了。」昊澤把書放進包包裡，露出足以讓他名列爲陽光男孩的笑。

這個名字叫昊澤，有著濃眉大眼的男孩，是我的同班同學，因爲學號差我一號的關係，所以我們便被習慣按照號碼安排座位的會計老師分配坐在一起。

和他會熟悉起來，是因爲這堂課的老師常會在課堂上出隨堂練習，在幾分鐘的演算時間之後，就隨意抽點同學上台寫出演算過程。我還記得那是第二堂會計課，老師大聲喊了我名字的那一刻，昏昏欲睡的我立刻清醒了大半。當我站著，並迎上老師惡狠狠的眼神時，我當場嚇得冷汗直冒，腦袋更是空白到只想跪下來請老師原諒。

不過幸好，我正想鼓起勇氣豁出去向老師認錯時，坐在我隔壁的昊澤小聲地對我「喂」了一聲，確定我瞥了他一眼後，才神祕地指著桌上的小張計算紙，對我眨了眨眼，偷偷將紙條塞給我。

就這樣，從那次開始，昊澤似乎自然而然地變成了我在會計課上最重要的夥伴，而且他人很好，也很開朗，重要的是很有耐心，從不和有數學障礙的我計較。

「小蛙，要回宿舍了嗎？可不可以陪我去一下圖書館？」禹琪捧著課本，走到我旁邊。

「好啊！我也想借本書看看。」

禹琪在昊澤前面的位置坐下，「你們在討論什麼討論得這麼開心？」

「哈！討論一樁神祕的交易。」昊澤聳聳肩，回答了禹琪的問題。

「啊？」禹琪好奇地睜大眼。

「沒啦！」我笑了笑，「今天老師出的習題好多喔！爲了報答昊澤願意借我解答，我說下次要請他喝飲料。」

「重點是幫我佔位置！」昊澤叮嚀著。

「我知道啦！」我揮揮手，表示不用他交代我也知道。

「二十五題眞的很多耶，」禹琪皺了皺鼻子，看來這麼多題目也挺困擾她的，「那可以順便借我參考一下嗎？」

「當然可以，我連朽木都願意救了，何況是資質不錯的同學呢？」昊澤笑了笑。不過他的笑聲停在我把厚厚的會計課本打在他頭上的那一刻。

「朽木就朽木，」我重重地哼了一聲，「那明天的通識課我不幫你佔位置囉！」

「好啦好啦！我道歉可以了吧！」昊澤苦笑著，並且笑嘻嘻地忙著賠不是，「不聊了！明天通識課再把解答拿給妳，我先去打工囉！」

「嗯，拜拜！」

看著昊澤走出教室，禹琪帶著笑說：「他可眞是個陽光男孩耶！」

我點點頭，這點我倒不否認。

禹琪俏皮地吐了吐舌頭，「要不是我有男朋友了，我想我可能會喜歡上他喔！」

「他？」

禹琪點點頭，「要俊臉有俊臉，要身高有身高，要身材有身材，人不但帥，個性又好，這算是極品了耶！」

「極品？」我認眞想了想禹琪對昊澤的評價，從開學到現在，除了昊澤的善良好心與開朗的個性之外，我倒是從沒注意到他也算是個條件不錯的帥哥。

經禹琪這麼一提，好像還眞的是這樣沒錯。

「妳不知道這幾天的社團招募期，有多少學長姊特地過來邀請他加入嗎？」

「眞的嗎？」我抓抓頭，這我倒是從沒注意過。

「總之，極品就是極品啦！小蛙，我看昊澤也對妳不錯啊！說不定……」禹琪俏皮地眨了眨她的右眼。

「哪有什麼說不定！」因爲很清楚禹琪要說的是什麼，所以我打斷了她的話，「我對他根本沒那種感覺啊！」

「一點點感覺都沒有？」禹琪瞇起了眼，不死心地追問。

「沒有，一點也沒有。」我認眞強調，然後想起剛開學時，禹琪因爲好奇而問了我有關育鎂和呆寶的八卦，「記得妳之前問過我呆寶和育鎂有沒有可能來電嗎？」

「嗯。」

愛*原來

「我和昊澤啊，應該就是呆寶和育鎂那種情形吧！」看禹琪一臉疑惑，我繼續說：「反正就是沒有談戀愛的感覺，連心跳都沒有加速過。」

「那可說不定！」

「怎麼說不定？」我皺了皺鼻子。

「誰說呆寶和育鎂以後不會在一起？」

「拜託！我們三個從高中就好到現在，他們兩個會來電早來電了好嗎？」

「我才不這麼認爲呢！」禹琪輕輕地哼了一聲，一副不以爲然的樣子，「愛情的樣貌太多了，有些人的愛情是一見鍾情，有些人呢，是慢火烹調型的，總之是沒個準的。」

看著禹琪認眞的樣子，我突然在想，那我的愛情呢？又是屬於哪一型？

硬要分類的話，是不是屬於衝動類別裡的衝動積極之死纏爛打型呢？

禹琪露出的表情很自信，像是命理節目裡的星座老師，「總之妳相信我就對了，雖然不一定百分之百準確，但突然修成正果也不無可能。」

我再次抓了抓頭，仍然覺得禹琪講的這一切實在太不可思議。

呆寶和育鎂？

這兩個我最要好的朋友，眞有可能會在一起嗎？

想著，我的腦子裡又出現了他們兩互不相讓、逞凶鬥狠的模樣……

「我還是覺得難以想像。」我下了結論。

「那我們就拭目以待吧！」禹琪臉上的自信不減反增，還伸出了打勾勾的手勢在我面前晃呀晃的，「一頓五星級大餐，至少也要高級牛排，怎麼樣？」

伸出手，我毫不猶豫地和禹琪打勾勾約定，「沒問題，到大學畢業前都有效。」

「好，歡迎攜伴。」

看著自信滿滿的禹琪，我心裡偷偷地爲她未來的荷包惋惜。

因爲根據我和育鎂與呆寶他們三年多來的相處，以及根據他們打打殺殺的紀錄來判斷，我可以非常非常，百分之一百零一地確定，自己絕對能夠贏得這場賭注。

「小蛙，妳竟然能一口氣吃掉兩個蔥油餅加蛋！」禹琪驚訝地看著我，像看著一個罪不可赦的殺人犯。

其實在開口向老闆要兩個加蛋蔥油餅的時候，我就已經預測到身爲減肥達人的禹琪將會有什麼樣的驚訝表情。

「眞的太好吃了啊！」我尷尬地笑了笑，還不小心打了個嗝，「妳又不是不知道，我是有名的大胃蛙嘛。」

「小心哪天眞的遇到喜歡的人，懊惱胖到瘦不下來喔！」

我吸了一口珍珠奶茶，「到時候再說啦！不過……誰說我現在沒有喜歡的人啊？」

「妳有喜歡的人？妳剛剛不是說對昊澤沒那種感覺嗎？」

「對啊！我又不是只認識他一個男生。」抽了一張面紙，我擦了擦嘴。

「那……不會是呆寶吧？」

呆寶？我連忙把差點噴出來的奶茶吞進喉嚨，還因此咳了好幾聲，「禹琪！難道除了昊澤和呆寶之外，我就不能喜歡其他人喔！」

「和妳當室友的兩個多月，就沒看妳跟哪個男生比較好啊！」禹琪嘟起了嘴的模樣，看起來像是在腦子裡認眞過濾我身邊具有可能性的男孩。

「我喜歡一個和我同個高中的學長，暗戀了將近八百多個日子喔！」

「帥嗎？」看來好奇心又快殺死禹琪了。

「帥呆囉！」我咬著嘴裡的珍珠，「他長得又高又帥，籃球打得比誰都好，也有一大堆粉絲喔！」

「跟昊澤比起來呢？」

「就陽光笑容這個項目上，學長勝；籃球的項目上，也是學長勝；臉蛋帥不帥的項目上呢……類型不同，但還是學長勝。總之，學長就是無敵啦！」

「妳以爲是八卦雜誌的評比喔！」

「反正有機會遇到學長的話，妳就會知道學長比昊澤要強上一千萬倍。」每次我一提到學長，語氣就會得意得像尾巴都要翹起來似的。可是我突然覺得奇怪，爲什麼在我們的話題裡，要莫名其妙地把昊澤和學長放在同一個天平上比較呢？

「學長眞有這麼好？」

「開玩笑，我黃小蛙眼睛這麼大，眼光當然也很好啊！有機會遇到學長的話，妳一定會發現他根本就是天下無敵！」

「好好好！我知道了，小蛙的學長是天下無敵！」禹琪比出了她的大拇指附和我。

「其實我之所以會讀這所大學，也是因爲學長的關係。」

「眞的假的？」

「嗯，才會這樣陰錯陽差地掉在會計系啊！」我輕輕嘆了一口氣，想起呆寶提到有關念力的事。「不過，就算因此必須和恐怖的數字怪獸交戰，但只要一想到我和學長念的是同一所大學，呼吸同一個地方的空氣，我心裡就會莫名地開心。」

「能夠爲了喜歡的人努力，這種感覺一定很棒吧？」

「當然，而且也許是成長環的影響吧！對愛情，我覺得一定要努力去爭取，才不至於對不起自己。」

「難道妳不怕受傷？」

「不怕，與其站在原地什麼都不去努力，我覺得倒不如勇敢一次。」

「那妳試過告白或是主動去認識學長嗎？」

「學長生日，或是情人節的時候，我都會寫個卡片或是送個禮物，但主動認識嘛……沒有。」

「爲什麼？害羞？」

「才不是呢！因爲我和爸爸約定，要到我上大學才能談戀愛。」

「又是古板的思想嗎？」禹琪皺起了眉。

「不，爸爸表面上總是說我成績太差，要我除了好好讀書之外不准交男朋友。我知道，他其實只是不希望我因為太年輕而不小心做錯了什麼事。」

「什麼意思？」禹琪疑惑地問我。

「嗯……」我嚥了嚥口水，「不瞞妳說，其實我爸和我媽是青梅竹馬的玩伴，媽媽高中時就有了我，所以只好休學奉子成婚。在我五歲那年，媽媽離開了我和爸爸。」

「怎麼了？」

「因爲媽媽覺得這個婚姻，以及我的存在，讓她付出了太大太多的代價。如果沒有結婚、沒有我，她就不會被迫暫停學業，放棄出國留學，甚至實現不了當個舞者的夢。」

「我能了解，但……」

「沒有但是，在媽媽的世界裡，我和爸爸的存在都不足以構成她會考慮的『但是』。」愈說，我發現我的語調愈是降了下來，而我原本以爲，自己已經可以輕鬆自在地對別人敘述這些事情的。

「妳怪她嗎？」

我搖搖頭，「從前會，現在不會了，現在只是很遺憾，而且爸爸說，每個人都有追求夢想的權利，更何況媽媽爲我們這個家已經犧牲很多了。」

「是喔……」

「嗯。」我用斬釘截鐵的語氣回答，然後盡可能擠出一個看起來還勉強可以的笑容。

「小蛙，對不起，我不是故意問那麼多的。」

我保持著笑容，「不會，雖然談到這一切，心裡還是會有一點點難過，但相信我，我真的一點也不介意，對了，不是要去圖書館嗎？」

「哈！差點就忘了，等我喝完飲料就走吧。」

「嗯。」

辦好借閱手續，我和禹琪邊走邊聊走出圖書館。

她借了一本網路小說《愛．不落》，是一位筆名Micat的作者寫的。而我借了兩本教人如何製作襪子娃娃的書。

「沒想到小蛙妳對襪子娃娃有興趣耶！」

「襪子娃娃超可愛的，」我點點頭，「不過市面上賣的襪子娃娃都好貴，所以我想自己做做看，不知道會不會成功就是了。」

「一定會成功的啦！有志者事竟成啊！」禹琪甜甜地笑了。

「眞希望可以做出像樣的襪子娃娃來，我可不想再像高中時，爲了親手做個手機袋給學長當情人節禮物，十隻手指被針扎好幾次不打緊，還差點害育鎂和呆寶笑掉大牙。」

「怎麼說？」禹琪歪著頭。

「他們說，只要是正常人，就不可能敢把那種不協調的梯形手機袋帶出門。」我嘆了一口氣，想起育鎂和呆寶當時捧腹大笑的樣子，「不過，我怎麼看都覺得很好看啊！呃……的確是有那麼一點點梯形啦！但那又無傷大雅，明明就歪斜得很可愛。」

「不知道當時學長看到的反應如何……」禹琪抿抿嘴，看著前方的天空。

「不知道耶！我是趁著情人節前一天放學時，偷偷把禮物放在學長抽屜裡的。不過我猜，我的手機袋也許不會讓他特別驚訝或感動吧！」我聳聳肩，「因為學長的抽屜裡，早塞滿了各式各樣的禮物和巧克力。」

「那可說不定喔！有的男生就特別喜歡女生親手做的小東西，唉……眞可惜妳沒親手交給學長，不然就可以順便來個浪漫大告白了，搞不好現在你們早就有情人終成眷屬了。」

「能這麼順利就好囉！」我吐吐舌頭，「不過，雖然因為我和爸爸之間的約定，讓我連認識學長的機會都必須暫時不能行動，可是我一點也不後悔的。」

「妳眞是乖寶寶耶！要是我才辦不到。」

「哈！我不想讓已經很辛苦工作的爸爸，還要分心擔心我的事。」

「那這次的襪子娃娃也是要送給學長的囉？」禹琪停下腳步，揚起了眉看著我。

「賓果！這一次啊，我一定要親手交給他不可。我想做這個，」我拉著禹琪的手，走到一旁的涼椅上，迫不及待地翻到青蛙的那一頁，「妳看這個，超可愛的吧！」

「眞的很可愛耶！」禹琪點點頭，似乎也感興趣起來了。

「等會兒回宿舍再來好好研究研究，然後再找個黃道吉日買好材料，開始製作。」

「哇！我彷彿已經嗅到浪漫的味道了，祝小蛙追學長成功！」

「對啊！追學長成功！」我伸出緊握著拳的手，做出向前衝的樣子大喊，那一瞬間，我真的覺得連前方剩下半個臉的夕陽，都認真地幫我加油起來了。

「小蛙加油！」

我笑著闔上書，站起身時，遠遠地，突然瞥見曾經熟悉的笑臉出現在對面的大樓。「禹琪……學長耶！」我揉揉眼睛，再確認了一次，「真的是學長！」

「在哪裡？」禹琪站了起來，順著我的目光看過去。

「二樓！幫我拿著。」我把書丟給禹琪，拔腿往教學大樓奔去。

真是的，怎麼會沒追上學長？

停下手中的筆，我瞄了一眼台上像把機關槍般滔滔不絕的通識老師，再回到複雜的會計習題上。儘管我的手仍本能地把昊澤的答案一個一個抄寫上去，但腦子卻始終想著一個令我懊惱不已的問題。

昨天看見學長後，我明明在第一時間拚了命拔腿就跑，絲毫不敢放慢速度啊！好吧！就算在教學大樓門口，我應該花了那〇．〇〇〇一秒的時間，猶豫了一下應該往東側還是西側的樓梯去，但憑我黃小蛙什麼都不擅長，跑百米應該還算快的實力，應該沒理由會連個學長的背影都沒追上啊！

我明明加足了馬力還破了表，呆寶說的念力也用上了，在途中我甚至不敢鬆懈地祈求老天爺非得幫幫忙不可，怎麼還是沒能遇到學長？

不會是和學長就眞的這麼沒緣分吧？還是命中注定我和學長就是必須這樣演出一個往東一個往西的戲碼？

我吐了一口氣，愈想就愈擔心，原本盤踞在腦海中的懊惱更一步一步擴大到我整個身體，讓我愈來愈害怕自己是不是會一直和學長這樣無緣下去。

「嘿！」坐在我隔壁的昊澤輕聲地引起我的注意，打破了我的懊惱。

抬起頭，確定台上的老師仍沉浸在他的哲學世界裡，我看著昊澤，「怎麼？」

「妳朋友拿的。」昊澤一手晃了晃手上B5大小的藍色影印紙，另一手指著教室後門。

望向教室後門，我立刻迎上呆寶的目光。他扯著笑，用我們培養了三年多，默契無懈可擊的比手畫腳，告訴我他花了很大的工夫才獲得這些資訊，所以要我請他吃一頓表示答謝。最後，他指著昊澤手上的那張藍色紙張要我先塡一塡。

看我點了點頭表示了解，呆寶才又用誇張到足以呑掉一顆滷蛋的嘴型，告訴我他要先去上課，晚一點再約我和育鎂一起討論。

我比了個OK的手勢，接過昊澤手中的那張紙。

空氣槍研究社？

我抓抓頭，看著手中的社團報名表，然後才看見右上角用鉛筆輕輕寫上的字。「學長除了參加籃球校隊之外，還另外參加了這個社團，本來想直接幫妳塡一塡的，不過育鎂說反正也不急，還是讓妳自己考慮一下比較妥當，有什麼事晚上再說！」

我盯著手中的報名表，試圖在腦海裡以最快的速度組織自己從小到大對「空氣槍」這三個字的認知。不過到最後我還是決定舉白旗投降，因爲我對於空氣槍這東西的認識，還眞的少得可憐……

唉……學長怎麼會參加這種奇怪的社團啊？

「發什麼愣啊？」一旁的昊澤撐著他的下巴，帶著淡淡的笑。

「啊？沒有啊！」我抓抓頭，給了他一個無奈的眼神。

「沒有才怪，平常老師一下課，妳就立刻會從一條蟲變回一隻蛙，現在竟然還呆呆坐在這裡，不是發愣是什麼？」

我尷尬地笑了笑，往台上一看，才發現老師早離開了教室，有幾個同學還背起了包包準備離開。我微微側身，指著呆寶寫在紙張上的字，再將手中的報名表交給昊澤。

「我應該告訴過你我暗戀的一個學長吧！呆寶幫我調查出他參加的社團了。」

「嗯，」昊澤先點點頭，再看了紙上的內容，「空氣槍研究社，酷耶！妳要參加嗎？」

「爲了學長，我是一定要參加的啊！不然我幹麼大費周章拜託呆寶啊！」我聳聳肩。

「這麼肯定喔？」昊澤揚起了眉問我。

「再怎麼樣也要參加啊！這也許是我和學長唯一的交集耶！雖然我根本不知道空氣槍是什麼玩意兒。」

「嗯，也對啦！」昊澤點點頭，指著呆寶寫的字，「不過，眞的要讓自己和學長的交集多一點的話，其實妳也可以試著問問看籃球校隊還缺不缺經理啊！」

「校隊經理？」我睜大了眼睛。

「據我所知，我們學校籃球校隊的經理通常是大二或大三的學姊擔任，可是去問一問也不會少了妳一塊肉，」他哈哈地笑了兩聲，最後欠揍地補了一句，「青蛙肉。」

「可惡，哼！」我吐了吐舌，對他翻了個白眼，搶過他手中的報名表。

「說眞的，我覺得可以試試看，今天星期四……」他抿起嘴，考慮了幾秒，「今天晚一點去打工無妨，要不要陪妳去籃球場碰碰運氣？」

「什麼意思？」我歪著頭，納悶。

「籃球隊在球場不練球要幹麼？陪妳去籃球場看看會不會遇到校隊練球啊！」昊澤又露出他那陽光般的笑，用拇指指著門外的方向。

「對耶！我怎麼沒想到啊！」我踱了腳，還不小心撞著桌腳，痛得叫了一聲。

「如果運氣好遇到籃球隊的話，不但可以問問經理的事，也可以看看能不能遇到學長，一舉兩得！」

「嗯，好，那走吧！」我用力地點點頭，然後發現自己像是感染了他的陽光般，莫名地開心起來。

「等等！」

「怎麼了？」

「如果沒看錯的話，」他揚著眉，像個老師般瞄了我的桌上一眼，「妳的會計習題還沒抄……呃……參考完吧？」

我尷尬地看著他，看了手錶一眼，「嘿嘿……可是現在不去的話，等我寫完，會不會他們也練完球了啊？」

「不會，現在才四點九分而已。」他看了看錶，也學我嘿嘿地笑了兩聲。

「拜託啦！」我瞇起了眼睛，雙手合十，「先陪我去啦！」

「那筆記呢？」他抿抿嘴，還很故意地挑高眉毛，雙手交握在胸前。

「回來再寫，拜託。」

「好吧，妳高興就好。」

「謝謝你。」我開心地把書闔上，將桌上的東西全部掃進背包裡。

和昊澤走到籃球場，發現每一個場地都有很多練球的人，也許有小比賽的關係，場邊也似乎比平時多了一些觀戰的同學。

「咦？到目前爲止，好像還沒看見校隊在練球喔！」昊澤東看看西看看，很認眞地幫我尋找籃球隊的蹤影。

「嗯，我也沒看見半個像學長的影子。」

「走！那裡有很多人，一定是在看比賽，我們去那裡。」他指著最靠近圍牆的一個場地，邁開了大大的步伐，然後很自然地把手放在我後腦杓，像帶小朋友般地帶著我往那個場地走去。

「喂！」我停下腳步，雙手扠在腰上，「你以爲我是三歲小孩喔？這樣壓著我？」

「哈，難不成我要牽妳的手嗎？」他也停下腳步，抿抿嘴問我。

「也不是啊！這樣，感覺很像小時候跟我爸出去，我因爲短腿跟不上他，他就會這樣……這樣……」爲了示範，我踮起腳尖，伸手想往昊澤的後腦杓壓去。然而，我能碰到的頂多只是他的脖子。

他微微蹲了下來，一點也沒有掩飾地笑，「怎樣？」

「就這樣啊！」我輕輕把手放在他的後腦杓，碰到了他的短髮。「然後這樣壓著我走，你知道嗎？爸爸他超過分的，如果我吵著要買什麼，他就會加重力道硬推著我往前走。」

「像這樣嗎？」他站了起來，學起我形容爸爸推著我走的樣子。

「唉唷！你很煩耶！」我停了下來，狠狠地瞪著他。

他哈哈地笑了笑，完全不顧我的白眼抗議，繼續把手放在我後腦，然後邁開步伐，逼得我不得不跟上他，繼續往前走。

「喂！」

「別喂喂喂的了，這眞的是兩個身高差距懸殊的人，最好的同行方式。」

「哪有多懸殊？人家我也是號稱一六〇的好嗎？」

「不過再怎麼號稱，在我眼裡也只是隻『矮冬蛙』。」

「喂！」我再次停下腳步，大步一跨站在他面前，提起下巴看他，「很沒禮貌耶！什麼『矮冬蛙』啦！那你又有多高？」問出來的當下，我立刻就感到一絲絲後悔，因爲儘管我本來就知道昊澤很高，但認眞抬起頭看他，這才發覺別說是頭頂，就連想看見他的髮際，都還必須抬起不小的仰角。

「不用號稱的一百八十七公分。」他微微地笑了笑，拍拍我的頭。

「好啦！我認輸了。」我吐了一口氣，「而且看在你這麼好心要陪我來這裡的分上，我可以稍微讓你滿足這一點虛榮心。」

「那不就應該好好謝謝妳的大恩大德？」他拍拍我的頭。

「沒錯。」我看著他，「現在才知道我是多麼寬宏大量吧！」

「謝謝妳喔！」

我不服氣地吐吐舌頭，「哼！」

「我們快走吧！」

「嗯。」我走在他身邊，跟著他的腳步，快快地朝那個聚集了不少人的球場移動。我突然有一種預感，覺得自己一定即將遇見學長。愈想，心裡就愈來愈開心、愈來愈期待。

「好多人喔！」走到比賽的場地，我站在圍觀的同學後頭。

「告訴妳一個好消息，我確定這是校隊！」他笑笑地瞥了我一眼，再看向場上。

「眞的啊？」

「嗯，幾個在場上的都是校隊的主將，還有那個出了名的魔鬼教頭。」

我踮起了腳尖探頭探腦，拚命地想從人群中看向籃球場。然而不管我怎麼努力，卻還是無法從人與人之間的空隙裡看見什麼，最後才不得不承認原來一百八十七公分和號稱一百六的身高眞的有差。

「人好多……」我苦笑著，還是努力地踮起腳尖。

「來！跟著我。」說完，他的大手拉住了我的手臂，慢慢地往前一步一步地走，直到我站在一個可以看到場上球員的位置。

「謝謝……」我抬起頭，開心地看著昊澤。

「不用客氣，以後上課記得幫我佔位置就好，」他又再次拍拍我的頭，「這是籃球隊的練習賽。」

「你怎麼知道？」

「就是知道，常識。」他笑了笑，「場上有妳學長嗎？」

「我還沒看到……」我看著從這邊場地跑到那邊場地的球員，快速地發動好幾次快攻，在幾個有默契的傳球之後，球傳到一個站在三分線外的球員手中，他高高地躍起，投出漂亮的拋物線。

「學長……」在那個漂亮的三分球後，我先是驚訝地愣了幾秒，最後終於忍不住心中的興奮，在歡呼中大聲喊著，「學長你好帥！」

我開心地拉著昊澤的手，用最後一點點理智控制自己差點因為忘形而跳起來的舉動，指著投球的那個男生，「看到沒看到沒？他就是我學長。」

「看到了，他是籃球隊的主將之一喔。」昊澤雙手交握在胸前，像一般男孩都會有的舉動，認真地看著比賽。

場上的球賽又進行了好幾分鐘，我的心跳也因為學長幾個漂亮的射籃動作而漏了好幾拍，直到教練的哨聲響起宣布比賽結束。

「你認識學長嗎？不然你怎麼知道學長是籃球隊主將？」我先瞄了昊澤一眼，又趕緊將目光移回學長身上。

「不算認識，但一起打球過，而且有在打籃球或注意籃球隊的人，應該都知道李力緯吧！」他聳聳肩，一樣笑笑的，看起來似乎也因為我的開心而開心。

「也對……」我盯著場上正在聽教練說話的學長，接著發現自己的目光，竟貪婪地黏在學長身上，一秒也捨不得移開。

自從學長畢業後，已經有很長的一段時間，沒有看見學長在球場上認真得分的樣子，也沒有再看見學長那擁有漂亮拋物線的拿手三分球了。

遠遠地，站在昊澤身邊的我，心裡竟揚起一陣奇怪又莫名的感動。我專注地看著場上穿著球衣的學長，愈來愈肯定，原來自己的心裡是多麼、多麼、多麼地懷念這一切，懷念所有與學長有關的一切。

「等他們檢討完，我們就去問經理的事，有可能會失敗，可千萬別難過喔！」

「嗯，」我點了點頭，「不會難過的。」

「那就好，真怕妳一把鼻涕一把眼淚的。」

「才不會呢！」我皺皺鼻子，「我可是樂觀出了名的黃小蛙喔！而且不管怎麼樣，就算不能當校隊的經理，都還有空氣槍研究社等著我啊！」

「先去洗把臉吧！大家加油！」我看見教練雙手扠在腰上宣布。

每個汗水淋漓的球員大聲地回應了很有士氣的「加油」後，便紛紛走向體育組的休息室，剩下兩位學姊以及教練還在討論著什麼。

「走吧！先去問有沒有擔任經理的機會，再去找學長相認。」昊澤拍拍我的頭，手像剛剛那樣放在我的後腦杓上。

很奇怪，這一次，好像沒有了剛剛那種「像爸爸一樣壓著我走」的感覺，反而還讓我有一種安心感。

「嗯。」我快步地往場上走去，因爲不好意思打斷教練與學姊們的對話，於是站在離他們不到十公尺的地方等著。

「我會再跟對方的教練討論一下，至於……呃……」教練頓了頓，顯然瞥見了我和昊澤的存在，「同學，有事嗎？」

「教練好！」我笑了，也對他身旁的兩位學姊點了點頭。

「妳好，有什麼事嗎？」教練和善地問我。

「教練，是這樣的，我想請問一下，校隊……現在缺經理嗎？」我盯著教練，心裡除了等著能得到一個我期待中的答案之外，也不忘撥出一點點心思來運用念力。

「經理？」教練看了身旁的兩個學姊。

「沒有，剛開學的時候，就已經有很多學妹來問過了，」其中一個長頭髮的學姊搶在教練回答之前回答了我，然後拍拍她身旁的短髮女孩，「我三年級，這是新加入的二年級經理。」

「喔……」我點點頭，「所以，目前不缺囉？」

「是的。」三年級的學姊揚起了眉，刷了睫毛膏的睫毛顯得烏黑細長。

「再多一個經理，這樣工作的分配上應該可以減輕很多……」我不死心，不想放棄任何機會。

「這位同學，是這樣的，我們學校校隊的傳統，一直都只有兩位經理，再說，雖然對外比賽時會忙一些，但其實兩位經理處理相關事情是綽綽有餘的了。」教練略帶笑意地說，和原先在球場上訓話的樣子大不相同。

「可不可以通融一下？」我雙手合十，還是不死心，畢竟都已經站在這裡，所以我一點也不想放棄任何可能，「我眞的很想擔任球隊經理。」

「多一個人幫忙，我想應該也不錯吧！」昊澤出了聲音，語氣也很誠懇。

「這樣吧！如果我們的兩位經理同意的話，我倒是無所謂。」教練呵呵地笑了，「妳們覺得呢？」

「學姊，我眞的很想加入……」

「我們兩個人合作得很好，如果隨便通融的話，不就對之前被我們拒絕的同學太不好意思了嗎？」

「我了解，可是……」

「眞的很不好意思。」學姊的態度似乎很堅定。

「或者有什麼雜務，都可以交給我來做，我也可以幫忙畫加油海報。」我還是不死心，話說出來時，我發現自己眞的可以爲了學長，什麼都豁出去了。

「基本上都沒有。」這次回答的是二年級的短髮經理。

「這樣啊！」我嘆了一口氣。

「妳是一年級的學妹嗎？」三年級的那位學姊又揚起了她的眉。

「嗯，會計系。」

「不然，如果有機會，或有什麼需要幫忙的時候，再跟妳說好了。」

「眞的嗎？」我開心地提高了音量，感激地看著學姊。

「謝謝學姊。」我禮貌我笑了笑。

「嘿，」昊澤似乎看出了我的沮喪，微微彎下了腰，對著我小聲說：「還有空氣槍研究社啊，妳忘了？」

對耶！就算不能擔任球隊經理，也還有空氣槍研究社啊！我怎麼忘了呢？一下子，原本有了一絲絲沮喪的心情又恢復了過來。

「好吧！」我吐了一口氣，「那不好意思打擾你們了。」說完，我再禮貌地對教練及兩位學姊微微笑了笑，然後滿腦子就只有一個念頭，就是趕快把社團報名表塡一塡交出去。

「那走吧。」

「嗯，謝謝教練，謝謝學姊。」轉身，我邁開步伐。
「等等！」
「嗯？」
「我猜，妳是為了某個人才想擔任經裡的，對吧？」我轉過身，看到追上來的是那位二年級的學姊。
「妳怎麼知道？」
「大部分的學妹，都是因為這樣才來應徵的，我一開始也是。」她笑了笑，「妳欣賞的球員是哪位？」
我考慮了一會兒，不過似乎也沒有隱瞞的必要，「力緯學長。」
「力緯？呵！他超多親衛隊的。」
我再次點點頭，「高中的時候就是這樣了，因為學長本來就是個厲害又優秀的人啊！」
學姊好像還想說什麼，但她卻微微歪了頭，看向我和昊澤的後方，並且隨即揚起了溫柔的笑，「力緯！你們都沖洗完畢了啊？」
力緯？學長來了？我急忙轉身，正巧迎上學長的目光，有那麼一瞬間，我覺得自己的腦子一片空白，回過神來的時候，唯一的反應就是對學長傻傻地揮著手，「學長！」
「妳好！」學長很帥很帥地微笑著。
「力緯，妳又增加一名親衛隊了，而且是你高中學妹呢。」
「是嗎？」學長的嘴角微微上揚，伸手抓了抓他剛沖過水還濕濕的頭髮，「我們同一間高中？」

「對呀！雖然學長一定對沒沒無名的我沒有任何印象，不過在我第一次看學長打球的時候，我就已經……」

「已經什麼？」

「呃……」我想了想，裝作很自然的樣子，嘻嘻嘻地笑著說：「已經超崇拜學長，決定當學長的親衛隊，幫學長加油。」

因爲看見學長而太過興奮的我，差點衝動地將心裡的喜歡說出口，但一看見學長認眞聽我陳述的表情，以及顧慮到在場的其他人，最後我又選擇把「喜歡」兩個字吞了回去。

「眞的啊？」學長露出了陽光般的笑臉。

我看著學長那迷人的笑，心裡還是有種「不是在作夢吧」的疑惑……對了！我一定要強調，學長的笑眞的不輸給昊澤，而且一樣陽光，一樣有魅力。

「嗯，另外，我之所以會念這所大學，也是……」

「啊！對了！」學妹突然打斷了我的話，「教練等會兒好像趕著離開，我想你們應該先去跟教練討論一下和外校進行友誼賽的事。」

「喔……也好，」學長點點頭，然後對著我說：「學妹，有空再聊吧！」

「喔，好，啊！對了學長……」

「還有事嗎？」學長又給了我一個微笑，微彎的眼睛好溫柔。

「我想參加空氣槍研究社。」

「哈，歡迎歡迎！別忘了把報名表塡好交到社辦喔！」

「嗯，我知道。」

「我先過去教練那邊了。」

「學長再見！」我揮揮手，看著學長的背影暗自開心著，第一次知道原來和學長這樣近距離面對面說話，會讓自己心跳這麼快速，而且還讓自己開心得就像快飛起來了一樣。

「對了，」走了幾步，學長突然停下來，我以爲是要補充什麼關於社團的事，但他轉身後，目光卻是停在我身邊的昊澤臉上，「王昊澤……我應該沒記錯吧？」

「嗯。」

「遠遠看見你出現在這裡，我還以爲你改變主意，願意加入球隊了。」

「哈！再說吧！」昊澤聳聳肩，露出他一貫的笑容。

學長愈來愈帥了耶！而且似乎也比從前多了一種成熟的魅力。

我放下筆，趴在會計作業上回想剛剛和學長的相遇，原想趁昊澤還沒去打工的這段空檔，快速地把剩下的幾題會計作業抄完，順便把筆記還他。但到目前爲止，別說心跳的頻率根本還沒有恢復正常，就連我的腦袋裝的也全是學長的三分球、學長的笑容，以及學長說話的樣子……

雖然這種不期而遇的方式沒什麼不好，但我的心裡還眞是有那麼一點點覺得可惜，畢竟，這跟我一直以來所幻想的相遇腳本根本全然不同，甚至連高中時就已經寫好並且幾經修改，讓我自認趨近完美的台詞也一句都沒說，不但忘了問學長有沒有女朋友，最後還悲慘地連最低限度，像「嗨！學長，我是黃小蛙」這樣的自我介紹都沒用上。

眞是的，怎麼會連自我介紹都忘了呢？

「唉唷！」我摸摸被輕敲了一記的頭，確定偷襲者是昊澤，又再度趴回桌上。

「看起來好像沒什麼進度，」昊澤瞄了一眼我桌上的筆記，坐在我旁邊的座位，「先啃個麵包吧！」

「謝謝，我就是無法專心嘛！」

「吃完麵包，妳就帶回宿舍寫好了，明天記得帶來就好。」

「眞的嗎？」

「不然我看妳現在整個腦袋都是學長，就算只是把答案抄上去的簡單動作，大概也免不了錯誤一堆吧！」

「嘿嘿，被你看穿了。」

他學我「嘿嘿」了兩聲，「所以先吃麵包吧！」

「嗯。」我蓋上筆蓋，接過麵包，直接打開包裝咬了一口。

「妳跟禹琪同寢對吧？」

「對啊。」

「抄完記得問她要不要參考一下。」

「參考？禹琪？」我瞇起了眼，很故意地看著昊澤。
「喂！妳又亂想什麼了？她上次也跟我借了，沒理由答應人家卻黃牛吧！」
「我又沒說什麼，」我扮了個極醜的鬼臉，「是你自己在亂亂想！」
「少來，光是看妳剛剛說話那種曖昧的樣子，就知道妳在想什麼了。」
「哼！自以爲是，不過如果以後你要獻殷勤，送個消夜的話……」
「嗯，怎麼樣？」他揚起眉，稍嫌不屑地睨了我一眼。
「別忘了買一份給我就是了。」
「想太多！不會有那麼一天的。」
「話別說得太早喔。」我又機車地吐了吐舌。
「我目前暫時沒有交女朋友的打算，而且人家禹琪也有男朋友了不是？有男朋友的女孩子啊！當朋友就好。」
「你沒聽過死會可以活標喔！搞不好哪天你就突然跟我說『小蛙啊！我眞的喜歡上禹琪了』。」我故意壓低音調，學起昊澤說話的樣子，我知道我的表情一定很欠揍，但我就是忍不住這麼消遣他。
「黃小蛙，妳這傢伙是偶像劇看太多是不是？」
「不過……爲什麼你暫時不想交女朋友啊？」
「哈，打工太忙了。」
「是嗎？」我瞇起了眼，仔細觀察他臉上的表情。

「是，快吃啦！」

「好啦！」我連咬了兩口，「對了！學長很帥吧！」

他攤攤手，「嗯，不愧是妳們女生心中最佳的白馬王子。」

「看吧！看吧！」和以往每次提到學長時一樣，我又得意了起來。儘管這種得意說起來還挺莫名其妙的。

「不過競爭者這麼多，妳會不會擔心？」

我搖搖頭，「不會。」

「對自己這麼有信心啊？」

「哈，也不是啦！我只是覺得與其擔心這擔心那的，倒不如把時間和力氣放在其他地方，像是爲自己的愛情勇往直前或是做些努力，才不會讓未來的自己後悔。」

「很有一番『蛙理』。」

「你想說的是『歪理』嗎？」我故意將手扠在腰上質問。

「我沒有這個意思。」他笑笑的，吃了一口麵包。

「啊，我剛剛好像想要問你什麼耶！」我抓抓頭，閃過腦子的念頭一下子又忘了。

「想問我什麼？」

「就忘了啊，對了，謝謝你的麵包，下次請你喝飲料，不過……」我嘿嘿地笑了兩聲，然後把手中的空塑膠袋折好，「有件事情我一定要跟你說。」

「說吧。」

「就是啊！以後幫我買麵包時，請幫我買兩個好嗎？」

「兩個？」他微微睜大了眼睛。

「嗯，兩個。」我比了「二」的手勢，用極肯定的語氣。

「兩個不會太多嗎？」他的眼睛睜得更大了。

「你不是也吃兩個？」我不服氣地指了他桌上的塑膠袋和手中的麵包。

「我是男生耶！」

「什麼年代了，性別歧視喔！」

「我只是沒想到，妳這樣瘦瘦小小的，胃口竟然還滿大的。」他的眼裡塞滿了驚訝，「我沒有別的意思喔，能吃畢竟不是一件壞事。」

我瞪了他一眼，「記得下次買兩個麵包給我就對了。」

「好啦！我該去打工了，報名表填好了嗎？要不要我順便幫妳拿去？」

「還沒寫，我吃完麵包再拿過去好了，你先去打工吧！還有，謝謝你今天抽空陪我去籃球隊。」

「別客氣。」他塞進最後一口麵包，然後背起背包，「先走囉！」

「嗯，拜拜！」

「拜拜！」

「啊！昊澤！」因為想起剛剛讓我有點好奇的問題，在他走出教室之前，我喊住了他。

「什麼事？」

「剛剛學長怎麼會說什麼……以爲你改變主意了啊？」

「之前我跟他們打過球，後來他和球隊隊長一起來找過我，問我有沒有興趣加入校隊。」

「原來如此……」我點點頭，「那爲什麼你不加入？籃球隊可不是一般人想加入就可以加入的耶！」

「有機會再跟妳說吧！我打工快來不及了。」他看了一眼手錶，對著我擠出一個笑容後轉身離開。

而那個笑容，總讓我覺得不適合出現在他臉上。

至於爲什麼不適合，其實我也不知道。

也許我只是看習慣了掛在昊澤臉上的開朗表情，所以特別不習慣現在這種雖然一樣好看帥氣，卻似乎不怎麼開心的笑。

是我眼花，還是我多想了？

看著他離開的背影，我突然感到疑惑。

「喂，呆寶！」手機接通後，我看著手中填好的社團報名表。

「小蛙，怎樣？」電話裡呆寶的聲音嘹喨得很有朝氣。

「空氣槍研究社的社辦在哪裡啊？」我走在大樓的二樓走廊，東看西看，「服務隊也看到了，花藝社也看見了，籃球社、桌球社、棒球社也都有啊！怎麼就是沒看見空氣槍研究社啊？」邊說，我邊不死心地再次從走廊這端走到那端。

其實打電話給呆寶之前，我已經來回走了不下七次，就是沒有看見空氣槍研究社的社團辦公室。

走到第四遍時，我想起最近重看的《哈利波特》，心裡一邊想著，空氣槍研究社該不會神祕地存在於九又四分之三月台吧？

「妳在哪一層樓？」

「二樓啊！社團辦公室不是都在二樓嗎？」我哼了一聲，「別告訴我要說什麼通關密語，空氣槍研究社的招牌才會慢慢浮現，門才會從牆壁上冒出來喔！」我腦子裡的每個念頭，還是脫離不了魔法世界。

「哈哈哈！」呆寶的笑聲讓我有種耳膜快被震破的感覺，「妳智商很低耶！」

「就眞的找不到啊！這條走廊我已經走了好幾遍了……再走個兩次，我就要請你幫我唱那首〈忠孝東路走九遍〉當背景音樂了。」我又哼了一聲。

「別說是唱歌，要我伴舞都可以。」

「快告訴我社辦到底在哪裡？」

「大部分的社團呢，的確都在二樓，不過有些新成立的社團，包括空氣槍研究社，應該都在三樓啊！」

「三樓？」我驚呼，這是我完全沒料想到的。

「妳上樓看看！樓梯上去轉角第一間。」

「喔！」明知呆寶不會看見，我還是習慣性地點了點頭，「那我上樓看看。」

「連找個社辦都像烏龜一樣慢呑呑，小心學長等不到妳開始行動，就已經被別人追走囉。」

我換了右手拿手機，因爲覺得呆寶的音量幾乎震破我的左耳耳膜，「才不會呢！你不知道龜兔賽跑最後的勝利者就是烏龜嗎？」

「那是講給小朋友聽的寓言故事，是爲了激勵人努力不懈，不要中途放棄。」

「所以我只要努力不懈，就會成功啊！」我一步一步地踩著階梯。

「請聽清楚我的重點，我的意思是那是說給小朋友聽的故事，」呆寶加重了語氣強調，「是要讓小朋友從小的時候就能培養正確的人生觀，最好還能因此激勵小朋友學習烏龜的精神，用在談戀愛這方面，可不見得有效。」呆寶的聲音突然嚴肅了起來。

「是嗎？」我半信半疑，咀嚼著呆寶的話，還差點因爲漏踩了一階階梯而跌倒。

「我騙妳幹麼啦！」

「喔！好啦！」我抬頭看了看門上的六個字，「耶！我找到空氣槍研究社了啦。」

「那快進去吧！記得要跑得像兔子一樣快。」

「好啦！」

「對了，晚一點跟育鎂一起吃個東西喔！」

「好啊！我先掛電話了。」

結束通話後，我收好手機，順便把包包裡的報名表拿出來。

爲了不因誤寫錯字而影響學長對我的印象，站在門口的我，特地謹慎地把我塡寫在報名表上的資料快速瀏覽一遍。

看到最後一欄資料時，我邊看邊舉起手往門上敲了敲。爲了強調入社的決心，我甚至還特別加重了敲門的力道。

咦？這個門的材質怎麼怪怪的啊？是偷工減料嗎？我納悶地停下自認豪邁的敲門動作，並且攤開掌心摸了摸。

突然間，我立刻有種不祥的預感，隨即將視線從報名表上移開。這才發現原來不是門的材質怪怪的，而是我的手根本就在某個人的腹部用力地「敲著」，以及……「摸著」！

「啊！抱歉！你什麼時候把門打開的……」我尷尬地不想抬起頭，於是我盯著他的腹部，「眞的很抱歉。」

「學妹，沒想到是妳。」聲音裡聽起來有淡淡的笑意。

我驚訝地抬起頭，「學長！」然後在這一瞬間，我發現自己的心情實在複雜得可以，「對不起！」

「沒關係。」他一樣笑著。

「我……」看著學長迷人又溫柔的笑，我突然詞窮了起來。

「要交報名表對不對？」

「嗯……剛剛眞的眞的很對不起。」我強調，雙手將報名表遞給學長。

「沒關係，」他哈哈地笑了，接過我手中的藍色紙張，「其實一點也不痛！」

「眞的嗎？」我吐了一口氣，「那我就放心了。」

「嗯，其實該放心的是我，幸好平常有在運動健身，不然滿肚子都是贅肉的消息傳出去的話，我可能要羞憤地自殺了。」

學長的話，讓我噗嗤地笑了出來。看著笑得溫和的學長，我發現自己的尷尬因此減少了很多。

「要不要進來社辦看看？」他用拇指指著裡頭。

「可以嗎？」

「當然可以啊！報名表都交了，換言之，妳也算是社團的一員了。」

走進不算大的社辦，我疑惑地看了看，「怎麼沒看見半枝槍啊？」

「哈！這兩天我們和外校的空氣槍社有個小活動，所以爲了方便起見，除了社團招募的展示槍之外，社上的四、五枝槍和一些配備都暫時放在他們的社辦。」

我點點頭，「原來如此。」

「請坐吧！」學長很有風度地幫我拉開椅子。

「謝謝！」我坐了下來，瞄到桌上一本書，封面印了幾把空氣槍，厚度十分地有分量，

「這……我可以看看嗎？」

「當然可以，裡頭有很多關於空氣槍的介紹，可以幫助新手快速了解空氣槍的原理、種類、構造等等。」

「嗯……」我隨意翻開一頁，幾把看起來很厲害的空氣長槍便映入了眼簾，「這些都是空氣槍？雖然是圖片，但有的看起來還眞的很像眞槍耶！」

「眞的很像眞槍？」學長重複了我的話，「這麼聽起來，妳好像看過眞槍喔？該不會是我有眼不識泰山，沒認出學妹其實是玩膩了眞槍的大姊頭吧？」

「不是啦！我不是什麼大姊頭，眞的不是……」我揮揮手，急忙地否認。

「哈哈！沒想到妳會這麼認眞，眞有趣。」

聽見學長爽朗的笑聲，然後迎上學長那充滿笑意的眼睛時，我才發現原來學長眞的只是開個玩笑而已，而我竟然會笨到當眞，「我還以為你眞的誤會了。」

「哈！如果嚇到妳，千萬不要在意喔！」

「不會的。」我笑了笑，其實有點不好意思。

因為不知道該把目光放在哪裡，於是我把視線從學長俊俏的臉上，移到書上一把把冰冷的空氣槍上。

我假裝認眞地盯著書上的空氣槍，其實我心裡一直在暗罵自己實在笨得可以，甚至無法想像剛剛怎麼會把學長的玩笑話認眞看待，竟然愚蠢地怕學長誤會自己眞的是大姊頭。

唉……

輕輕嘆了一口氣，我這才發現，原來一向自認只有數學方面不在行，此外基本上還算是個聰明人的我，智商竟會因為這樣和學長近距離的接觸而急速地往下掉。

是因為喜歡、因為在乎嗎？我納悶地問自己，隨即給了自己一個「Yes」的答案。

是的，這一切都是因為喜歡，然後在乎，才會使此刻這麼靠近學長的我，變得這麼擔心學長對自己的看法與印象。

「對了，妳對空氣槍了解嗎？」

「啊？」我回過神來。

「妳對空氣槍了解嗎？」

「呃……不是很了解耶。」我苦笑，根本不敢告訴學長當我聽見「空氣槍」三個字的時候，我直接聯想到的，其實是哆啦A夢的塗藥式空氣槍和手指套式空氣槍。

「那這本書就借妳回去看吧！」

「謝謝學長。」

「不用這麼客氣，我們以後可是同個社團的呢！」

「嗯。」

「哈！和妳聊著聊著都忘了，妳先慢慢看吧！我想我應該先把妳的報名資料登記好。」

學長走到櫃子前，拿出了一本灰色的筆記本。

「還要登記啊？」

「嗯，以後要製作社團通訊錄的，對了！下個星期會有社團的小型迎新聚會，確定了時間我會再通知妳。」

「好的，那學長你先忙吧！」給了學長一個微笑，我繼續回到書裡的世界。

直到學長發出笑聲，我才再次抬起頭，看著不知爲什麼而笑的學長。

「怎麼了？」我疑惑地問學長。

「學妹，我想黃小蛙不是妳的本名吧？」

「不是啊！」我很快回答，伸長脖子往學長面前的報名表看去，我才看見「黃小蛙」三個字就這樣大大的躺在姓名那一欄上。

該死……怎麼會寫成「黃小蛙」呢？明明就檢查了好幾次，怎麼都沒發現？

「對不起，不小心就……」

「哈哈！沒關係，小蛙這個綽號挺可愛的，也很適合妳水汪汪的大眼睛。」

「是嗎？」我笑了笑，發現自己又開始不好意思了，而且這一次由耳根子溫熱的程度感覺起來，我猜我此刻的臉一定紅得像蘋果一樣。

「所以，姓名我就寫黃小蛙囉？」

「呃……不要啦！」我嚥了嚥口水，「我的名字叫黃巧華，巧妙的巧，中華民國的華，不過依照以往的經驗來看，就算寫了眞實姓名，最後應該還是會被叫成黃小蛙吧！」

「妳眞是個有趣的學妹！」

「是嗎？」我看著學長在筆記本上塡寫了我的名字後，還在一旁畫了括號，最後在括號裡寫上「小蛙」兩個字。

「嗯，至少感覺起來個性很樂觀……」學長停下筆，繼續看著一旁的藍色報名表，「入社原因……是『喜歡』？」

「嗯，就是爲了喜歡啊。」我點點頭。

「我好像問了笨問題喔，誰不是因爲喜歡空氣槍才會入社的。」學長哈哈了兩聲，繼續在筆記本上塡寫。

「不是。」我反射性地喊了出來。

「啊？」也許驚訝於我突然變大的音量，學長再次停下他的筆，笑笑地看著我，一副願聞其詳的樣子。

我吞了一口口水，「我不是因爲喜歡空氣槍才入社的。」

「喔？」

「希望學長不會被我嚇到，其實我之所以參加空氣槍研究社，是因爲……」我深深地吸了一口氣，猶豫幾秒，最後決定把心裡的感覺毫不隱瞞地說出來，於是顧不得愈跳愈快，幾乎快要漏拍的心跳，我抬起了頭，認眞地看著學長，「我眞的很喜歡學長。」

「哈……我都不知道該說什麼了。」學長放下筆，攤開了手。

「學長！」我挪動身體，換個角度認眞地看著學長，「希望你不會在意，也不要因此討厭我，我只是眞的很想把這種感覺親口告訴你而已。」我尷尬地笑著說。也許因爲終於告白，再加上和學長單獨相處的關係，我發現自己此刻的心跳，跳動得出乎我意料之外地快速，而且有直線攀升的跡象，一點也沒有我黃小蛙平常天不怕地不怕的鎮定。

「嗯，我知道。」學長笑了，是那種陽光的笑容，「我不是討厭，只是這樣的告白，讓我有點受寵若驚罷了。」

我皺了皺鼻頭，「怎麼可能？明明就有一大堆女生喜歡學長啊！從高中的時候就是這樣了，學長怎麼可能會因為這點小事受寵若驚啊。」

「其實這麼直接又坦率的告白，倒是第一次遇到。」

「是喔？那……」我瞇起了眼，「學長不會因此討厭我吧？」

「不會啊，而且我發現妳眞的很有趣！」

「是嗎？」我笑了笑，拿起桌上的書繼續研究。

不過這次，我還是沒有辦法專心地把書上對空氣槍的介紹輸入腦子裡。我一直在偷偷慶幸著，幸好學長沒有因為我的直接而討厭我，甚至把我三振出局。

否則，我可能連龜兔賽跑的參賽權都沒了。

在我打算先離開社辦時，我手機的簡訊鈴聲突然響了起來。呆寶說他臨時有點事，所以原本的消夜之約改到明天。

既然我不急著走，學長提議要我等他一會兒，他想陪我走回宿舍。

學長的堅持，已經完全超乎我的想像，我根本從沒想過高中時就喜歡學長的自己，也有這麼一天，能有讓學長送我回去的機會。

走回宿舍的路上，我的心跳雖然不至於像剛剛那樣不受控制，但還是撲通撲通地跳得好快。我還發現，每偷看一次學長俊俏的臉，我的心跳就會自動加快跳動的頻率，而且屢試不爽。

我承認自己很壞，因爲一路上，扣除掉與學長交談的時間，我都一直在心裡祈禱著，希望這不到一公里的路程，可以永遠不要走完，讓我永遠和學長這樣甜甜地走下去。

「好像耽誤了妳一點時間喔！回宿舍不會太晚吧？」

「才不會，」我給了學長一個應該還算燦爛的笑容，「謝謝學長送我回來，啊！這本書下次再還給你喔。」我拿著書晃了一下。

「嗯，妳慢慢研究也無妨，對了，如果迎新的聚會時間確定了，妳會來嗎？」

「當然，蹺課也會去的。」我拍拍胸部保證。

「我們空氣槍研究社向來不鼓勵社員因爲參加社團活動而蹺課喔！」學長揚起了眉，然後出乎我意料之外地把雙手交叉在胸前，我覺得這樣的學長很可愛。

「呃……我只是強調我一定會去的決心而已。」

「嗯！不過說眞的，我和其他的舊社員都很開心有你們這些新血加入。」

「我也很開心可以和學長參加同樣的社團啊！說起來，算是我的榮幸吧！」

「用『榮幸』來形容啊……被妳說得我都不好意思起來了。」

「我說的是實話，也沒有拍馬屁的意思喔！就像……」

「就像什麼？」學長低下了頭，認眞問我。

「就像我可以和學長讀同一所學校，我就覺得自己眞的超級幸運的。」

「呵呵！」學長微微笑了笑，像突然想起什麼，「對了，至於社團時間，下次我們會請新進的社員塡一份課表，盡量選個最剛好、最能配合大家的社團時間。值得一提的是，以後妳會發現社團裡的學長姊都很好相處喔！」

「眞的嗎？看來我誤打誤撞加入了一個好社團。」

「沒錯！」學長笑了笑，指著宿舍大門，「快進去吧！」

「好，雖然是短短的一段路，但是眞的很謝謝學長送我過來。」

「別客氣，快進去吧。」

我揮揮手，跟學長說了聲再見，轉身準備走進宿舍時，腦子突然閃過一個一直想問學長的問題，「對了！學長！」

「還有事嗎？」學長本來想轉身離開，這時也停下了他的動作看著我。

「我可以問你一個問題嗎？」

「當然可以。」

「你現在……」我停頓了幾秒，深深地吸了一口氣，「有交往的對象嗎？」拋出問句的同時，我原本已經平復下來的心跳，又不聽話地跳得愈來愈快了。

其實我很清楚，心跳再次加快的原因是我眞的很擔心，擔心從學長口裡得到的是「是的，我有女朋友了」的答案。

儘管擔心，我還是決定非問個清楚不可。我的心底一直有個聲音不斷地告訴自己，在沒有得到學長親口的回答之前，我絕對不能這麼自私地放任自己對學長的喜歡。

「沒有。」他搖搖頭。

「眞的嗎？」我睜大了眼睛，再確定了一次。

「是的。」

我握緊拳頭，開心地說：「好！我知道了。」

「快進去吧！」學長露出了溫柔的笑，再次指著宿舍大門。

揮揮手，我踩著輕快的步伐走進宿舍，我相信今天一定能做個甜甜蜜蜜的好夢。

「小蛙，怎麼精神這麼差？」育鎂邊看著鏡子邊問我，像是非得要讓鏡子裡的髮型整理到完美，才肯把鏡子放回包包裡。

趴在桌上半夢半醒的我，勉強睜開沉沉的眼皮，瞄了育鎂一眼後又閉上眼睛，「本來以爲會有個甜蜜好夢的，誰知道因爲太興奮，根本就睡不著覺……」

「是喔！」

我打了個極大的呵欠，「滿腦子都是在籃球場遇到學長，然後和學長相處的畫面啊！妳知道嗎？就像是影片的重播片段，一直播放、一直播放，愈想就愈開心嘛！尤其想到學長那個帥到不行的笑容，我根本就睡不著啊。」

「換成是我，也可能會這樣吧，不過應該不至於這麼嚴重。」

「是嗎……」

「對啊！眞不知道妳剛剛的課是怎麼度過的！」

我睜開眼睛，身體仍趴在桌上，「早上的三節課啊……我大概只有前五分鐘吃早餐的時候是清醒的吧！其他時間都跟周公下棋去了！」

「妳眞猛耶！」

「沒辦法，連我的意志力……啊……」我又忍不住打了個大呵欠，「連我的意志力都無法戰勝瞌睡蟲。」

「是嗎？」

「嗯。」

「那如果學長來了呢？」

「什麼？」我以爲我聽錯了什麼，於是睜大眼睛。看著整理好頭髮，正優雅地在塗護唇膏的育鎂。

「學長來了。」育鎂看著我聳聳肩，露出神祕又曖昧的笑。

確定聽到的是「學長」兩個字，我的瞌睡蟲好像全部同時宣布解散般，一下子全部跑光光。

我猛然抬起頭，驚訝地往教室前門的方向看去，確定學長不在前門後，我又往後門看了看，還是一樣沒有學長的蹤影。看到的反而是提著兩袋食物的呆寶。

我先是楞了一下，才恍然大悟，然後凶狠地瞪了育鎂一眼，「臭育鎂，幹麼騙我啦！」

「不這樣，妳會清醒過來嗎？」呆寶得意地和育鎂一搭一唱，他走向我們，把一大袋香噴噴的食物放在桌上。

「對啊！剛剛還一副睏到快爆炸的樣子，一聽到學長來了，精神也立刻抖擻起來。看來學長比食物更能吸引小蛙呢！」育鎂笑著搖搖頭，把飲料拿了出來，確認好杯子上的標籤，把我指定的半糖蜂蜜奶茶遞給我。

「謝謝。」我插上吸管，不客氣地吸了一大口，也許因爲冰涼的關係，我發現精神好像眞的好起來了。

「對了，小蛙，妳昨天的簡訊說遇到學長，還說讓學長送回宿舍的感覺很好，到底怎麼回事？」呆寶接過他的綠茶，邊喝邊問我。

「對呀！收到簡訊後，我沒過多久就打給妳了，竟然沒有接電話。」育鎂皺著鼻子抱怨。

「哈！傳完簡訊就去洗澡了，後來注意到有未接電話，就已經是失眠的時候了，那時候已經凌晨一點多，你們想接到深夜恐怖電話嗎？」我翻了白眼，伸出雙手做出吐舌的動作。

「哇哈哈哈哈！黃小蛙，妳難道不知道妳裝鬼的功夫實在很滑稽嗎？」

「人的個性就有這麼多種，難道鬼就沒有滑稽的嗎？」我心不甘情不願地抗議。

「怕是想裝鬼嚇人的明明是妳，最後卻又自己嚇個半死喔！」

「喂！我會這麼遜嗎？」我白了呆寶一眼，滿是不認同地反駁。不過隨即想起高中時有一次露營的夜遊活動，原本想嚇嚇呆寶的我，卻反倒被嚇得差點飆淚。

「唉呀！別討論這種無聊事了，小蛙，我們比較感興趣的不是這個，妳到底是在哪裡遇到學長的？」育鎂喝了一口飲料，擦了粉紅色護唇膏的嘴唇亮亮的很可愛。

「對對對！我們感興趣的是這個。」呆寶忙著應和，「怎麼上大學以來都沒遇到過半次，光是昨天一個下午的時間，就和學長之間進展這麼多啊？」

「正所謂『畢其功於一役』嗎？」

「沒錯！」我眨了眨右眼，「連對學長的喜歡都一股腦兒地全告訴學長了喔！」

「眞不愧是我們認識的小蛙。」呆寶毫不吝嗇地豎起他的大拇指，根據我對他的了解，他的大拇指是鮮少出來稱讚人的。

「只是，幾百年前擬好的自我介紹稿還是沒用上。」

「都告白了，自我介紹根本不重要了好嗎？」

「眞的嗎？」我看著育鎂，再看了看呆寶。

「廢話！」他們兩個異口同聲地回答，連氣勢都不輸給彼此。

育鎂放下飲料，「快啦！快跟我們說說遇到學長的經過啊！還有，妳簡訊裡說什麼去了籃球隊，那又是怎麼回事？」

「就是去籃球校隊應徵經理，昊澤說可以去問問……」我笑了笑，鉅細靡遺地從昊澤提議先到球隊問問經理有沒有缺，再講到去社辦時遇到學長的經過，最後連學長送我回宿舍，用溫柔語氣說的每一句話都沒漏掉。

不知道是不是因爲想著和學長單獨相處的經過，還是因爲想到了學長溫柔的笑，我發現自己愈是陳述這一切，嘴角就愈是不自覺地上揚，心裡更是泛起了一絲絲的甜蜜。

「小蛙……」

「黃小蛙同學！」育鎂捏著我的臉，把我拉回了現實。

「啊？好痛喔！」

「請問妳現在是在自high嗎？」

我吐了吐舌頭，揉揉自己的臉頰。

「話說，昊澤對妳也很好不是嗎？」

我不假思索地點點頭，「對啊！每次的會計作業都是他借我參考的。那天趁打工前的空檔，陪我到校隊，因爲這樣，害他爲了趕時間打工，只好吃麵包當晚餐。」邊說，我想起了昊澤陽光般的笑容。

「說眞的，要不是小蛙妳對學長情有獨鍾，昊澤其實也是個很棒的對象耶！」

「……」我抓抓頭，昊澤的笑容好像在我的腦子裡，愈來愈明顯。

「要不要……」呆寶嘿嘿嘿地奸笑著，「乾脆換個對象啊？」

我不客氣地伸出拳，想往呆寶頭上揮去，卻被呆寶閃過，「哼！我對學長的愛是堅定不移的好嗎？」

「確定？」育鎂揚起了眉，一副等著看好戲的樣子。

「沒錯！」我拿起竹籤，插了一塊甜不辣放進嘴裡。

「眞的確定？」這次繼續問我的是呆寶。

「沒錯、沒錯、沒錯！」我放下竹籤，瞇起了眼質問呆寶，「那叫你不要喜歡你們系花，改成喜歡系花旁邊的樹葉，你要嗎？」
呆寶連插了兩塊米血放進嘴裡，「不要。」
「對嘛！」我皺皺鼻子，「這就是我黃小蛙堅持，在愛情世界裡，有『愛情對象不可替換性』，育鎂懂了吧？」我既堅定又驕傲地向育鎂強調。
「懂懂懂！」育鎂抿抿嘴，「不過我相信呆寶才不是什麼不可替換性的關係呢！」
「沒錯！」呆寶哈哈地笑了出來，「因爲系花身邊的樹葉，抱歉到我根本不敢恭維。」
「妳看吧！」育鎂揚起了眉，表情看起來得意得很。
我扮了個鬼臉，「哼，以貌取人的膚淺鬼。」
育鎂笑了笑，「好啦！快吃吧！我知道我們小蛙就只愛學長一個人啦。」
「對！你們要像以前那樣幫我加油喔！所以……加油！」
育鎂和呆寶同時做出了加油的手勢，和我一起很有默契地喊了出來。
而這樣的加油，就是我們三個人的默契。
屬於呆寶、育鎂以及我三個人特有的默契。

爲了這學期的通識課小組報告，我和禹琪、昊澤到圖書館借了相關參考書後，便一起到教學大樓的空教室，大致討論報告的大綱與章節工作的分配。
也許因爲三個人想法都很有共識，我們沒有花太多的時間，就已經把報告大綱及架構全部列好，連內容該注意到的重點也都討論完畢。
「那就這樣吧！」昊澤闔上他的筆記本，揚起了他的右眉，「小蛙沒問題吧？可別拉低我們的分數喔！」
我輕輕哼一聲，然後白了他一眼，「我只是數學方面不太行，其他的可不一定輸給你。」
「這麼有自信？」
「當然。」我再哼了一聲，撇過臉去。
「喂！在意囉？」昊澤呵呵地笑了，「我開玩笑的啦。」
「我當然知道你是開玩笑的啊！我又不是不懂幽默的人。」
我很自然地把這些話說了出來，然而我卻在這個把話說得理直氣壯的當下，想起了那天在社辦時，誤會了學長說我是大姊頭的玩笑話而發生的尷尬。
現在想想，我真不禁懷疑當時自己的幽默感到底是出了什麼差錯。
禹琪闔上她的筆記本，「那就大概是這樣了，這兩個星期，盡量把自己負責的書都閱讀完，然後再找時間討論一下。」
「嗯，可以的話，也把自己負責的章節一起完成會比較好，ＯＫ嗎？」昊澤先詢問禹琪的意見，然後轉頭看我。
「好啊。」禹琪翻開了她的行事曆，在兩個禮拜後的日期上填了「討論報告」四個字。
「小蛙呢？ＯＫ吧？」

「嗯，OK！」

「好，那就這樣定案了，」禹琪露出她漂亮的笑容，「呃……還有什麼要討論的嗎？」

「基本上沒了。」昊澤也寫好了他的行事曆。

「那我可能要先走了喔！」

「快去吧！反正我們三個都同班，要討論什麼都很方便啊！」

「對呀！要甜蜜看電影耶！別遲到了！」我羨慕地看著禹琪。

「呵！我會記得帶消夜回來的。」

「路上小心喔！」

「拜拜。」

「拜！」看著禹琪離開後，我邊收拾桌上的書，邊喃喃自語著，「看電影耶！好好喔……」

「是羨慕還是嫉妒？」

「當然是羨慕啊！怎麼可能會嫉妒自己的好朋友。」我抿抿嘴，「我跟你說喔！禹琪和她男朋友啊……是我們寢室和佳淇她們那寢公認最甜蜜，也最最幸福的一對。」邊說，我不禁笑了出來，每次講到這種甜蜜幸福的事，好像總會讓我不自覺地微微一笑。

「那……妳到底是羨慕禹琪可以去看電影呢？還是羨慕禹琪的甜蜜約會？」

「其實都有。」我苦笑了一下，很坦白地告訴昊澤我的感覺。

因爲我既想找到一個志同道合、可以陪我一起看各種類型電影的朋友，也希望能有這麼一天，可以和喜歡的學長有個甜蜜的約會。

「那很簡單，也很好解決，關於看電影方面……」他摸摸下巴，思索了幾秒之後終於開口，「以後妳想看電影，只要我有空，我隨時都可以陪妳。」

「眞的？」

「是啊，只要妳不嫌棄。」

我點點頭。

「至於甜蜜約會嘛……」他還是摸著下巴，又停頓了幾秒，「我會在精神上替妳加油，祝妳和學長有情人終成眷屬。」

「哈哈！不愧是我的好朋友。」我開心地拍拍昊澤的肩，其實心裡有一些些因爲昊澤的話而感動，「這樣不會太委屈你吧？好像會平白減少了你豔遇的機會耶。」

「想太多！」他輕輕拍了我的額頭，「反正就這麼說定了，有特別想看的電影，記得跟我說一聲。」

「確定？」我把眉毛翹得高高的，看著微微點了點頭的他，「眞的確定？」

「是的。」

我的心裡悄悄地因爲昊澤和我的志同道合而喜悅著，但還是不放心地問：「如果是可怕的鬼片呢？」

「鬼片、驚悚片、動作片、溫馨喜劇片或者是愛情文藝片，我都可以接受。」他聳聳肩，一副沒什麼難得了他的樣子。

「如果本姑娘想要看早場電影，硬是要蹺課去看呢？」我雙手扠腰。

他乾脆地點點頭，「我奉陪。」

「那如果哪天我心血來潮，突然想看午夜場呢？」我瞇起了眼，繼續確認他義氣相挺的程度。

這次，他比了個「OK」的手勢，「絕對奉陪。」

「那如果……唉唷！」他又拍了一次我的額頭，這次的力道重了些。

「奇怪，我認識的黃小蛙什麼時候變得這麼不乾不脆？一堆如果、如果的？」他湊近我，睜大眼睛裝出認眞觀察我的樣子。

「啊！」我假裝痛苦地摸著我的額頭，也學起他睜大眼睛認眞觀察的樣子，「我也覺得奇怪，我認識的昊澤什麼時候變得這麼粗魯，下手這麼殘暴？」

「少得了便宜還賣乖！」他又敲了一記我的頭。

「好啦！那下次有什麼好電影，我們再一起進攻囉！」

「好！」昊澤的笑又陽光了起來，「對了，報名表妳交到社團去了沒？」

「所有關於學長的事情，我可是一點也不想延誤喔！」

「走吧！我陪妳回去。」

我點點頭，背起自己的包包，「走！」

我和昊澤先繞到餐廳吃了一點東西，才一起悠閒地走回宿舍。

「妳有吃飽吧？大胃蛙？」他笑笑的，和我一起坐在宿舍大廳的木椅上。

「拜託！兩碗肉燥飯加一碗味增湯耶！」

「呵！那就好，對了，剛剛在餐廳聊妳和學長的『奇遇記』，都說完了嗎？」他喝了一口綠茶。

「嗯，說完了。」我點點頭。

「就這樣？」

「對呀！我也希望還有更多好說啊！但是眞的沒了。」我嘟起了嘴，「不過光是這些，就讓我失眠了一整夜耶！」

「哈哈！暗戀的威力眞大。」

「暗戀的威力本來就很大。」我沒有否認，「而且啊，這幾天只要想到和學長的相處，心裡就會有一種甜甜的感覺，像棉花糖一樣。」

「棉花糖？」昊澤的嘴角微微上揚，是一種淡淡的微笑。

「是啊！像棉花糖一樣甜甜的，甚至輕柔得像隨時會飛起來似的。」

「眞可愛的比喩。」

「嘻……」我瞄了一眼時鐘，「好了，我差不多要上去寢室囉！還要花點時間研究一下那本空氣槍的寶典。」

「就是學長借妳的那本書？」

「嗯，後天晚上有個小聚會，我想趁這兩天多少了解一下什麼是空氣槍，免得插不上半句話，這樣的聚會多無聊啊。」

他笑著搖搖頭，「那妳研究得怎樣了？」

我無奈地聳聳肩，「一樣是完全不了解。好多玩家專業的用語，我根本就看不懂。」

「還眞是佩服妳耶！爲了心愛的學長，好像做什麼事都可以這麼有毅力、這麼勇敢，像個天不怕地不怕的孩子。」

「當然囉！從高中開始就喜歡了這麼久的學長，可不是說放棄就能放棄的，而且……自己想要的幸福，不都是要靠自己去創造、去把握的嗎？說了不怕你笑，」我嘆了一口氣，「我永遠記得學長畢業典禮那天的下午，高中校隊爲了歡送畢業的隊友，舉辦了一場比賽……」

「嗯？」

「當時坐在觀眾席的我，看著學長帶球上籃、學長投出三分球，以及學長每一個漂亮到不行的動作，想到這是學長高中生涯裡最後一場比賽，我的眼淚竟然不由得就這樣掉了下來……」我鼻子酸酸的，眼眶熱熱的。

「小蛙……」昊澤微微低下了頭，略顯擔心地看著我。

我苦笑了一下，「也是在那個時候，我才突然發覺原來自己早在不知不覺中，把學長當成了夢想，甚至是我所想要追求的一切。」

「嗯。」

「這樣是不是很笨？」

「感情的事，我想無關乎聰明或笨。」

「也許對很多人來說，除了愛情之外，應該還有很多更重要、更值得被當成夢想去努力的事，像成爲一個頂尖的音樂家、鋼琴家、厲害的作家，或是……專業的舞者……」突然間，我想起了媽媽。

「其實我覺得，認眞追求自己想要的幸福，並沒有什麼不好，而且夢想這回事，本來就是因人而異的，甚至沒有什麼所謂的比較重要、或比較值得被當作夢想的事，」他溫柔地拍拍我的肩，「被努力追求、被認眞看待的，就是值得的夢想。」

「是嗎？」我抬起頭，迎上昊澤眞摯的目光。

「當然。」很奇怪，看著昊澤溫柔而且溫暖的笑，我好像又突然有了力量，於是我吸吸鼻子，笑了笑，「哈！怎麼講到這裡來了啊？沒嚇到你吧？」

「沒有。」

「沒有就好，我眞的要回寢室研究那本寶典了，拜拜。」我背起包包，站起身。

回到宿舍，把借來的書分別放在我和禹琪的書桌上之後，我立刻拿了那本寶典，坐在床上研究。

原本自信滿滿的我，在不到半小時的時間裡，被各式各樣的長槍短槍，不同型號的槍枝特性，弄得頭昏腦脹、昏昏欲睡……

有好幾次，在我看了好多遍，仍然弄不清楚哪個型號的槍有什麼特點，又以什麼訴求爲主的時候，我眞的很想放棄，不再研究這難懂的東西。

但是，當我闔上書，決定任性地放縱自己躺著休息時，一想到學長那溫柔的笑臉，以及好不容易遇到學長的過程，我又開始猶豫自己是不是不該這麼輕易地，就放棄這可以更接近學長的機會。

黃小蛙！人家不是說「有志者事竟成」？如果連妳自己都沒有「志」、沒有毅力了，還有誰能幫妳？

於是，矛盾的我又再度坐起身來，重新把書打開，打算重新融入空氣槍的世界裡。

我一口氣又認眞地看了幾把評價很高的空氣槍，從國產、韓國進口到日本原裝進口，再從幾千元到上萬元不等的槍，最後還看了幾把內附狙擊鏡以及戰術握柄，以及配有夾具與專用電筒的長槍，發現除了每種型號的槍都會有它不一樣的取向之外，光是附屬的配備器材就有好幾種不同的性質，除此之外，每個玩家更會依照自己的喜愛或講究的功能，去決定自己的槍應該增添什麼配備加以改裝，以加強其功能來滿足自己的需求。

唉……空氣槍的世界還眞是超乎我想像的博大精深啊！

在我沉沉地嘆了一口氣的同時，我的手機鈴聲熱鬧地響了起來。我拿起手機檢視來電者，是一串不熟悉的號碼。

「喂？」在猶豫之後，我疑惑地按了通話鍵。

「小蛙嗎？」

「呃……」我仔細過濾我腦子裡的資料庫，分析來電者究竟是誰。

「呵！我是學長。」

「學長？」因爲驚訝，我一時還反應不過來。

「力緯，妳忘了？」

「喔……不是，我只是沒想到學長會打電話過來，有點驚訝罷了。」

「原來如此，小蛙妳沒忘記後天晚上的迎新聚會吧？」

因爲彷彿看見了學長溫和的笑容，我也笑了，「嗯，我看到簡訊了。」

「別忘了喔！」

「我不會忘記，而且一定會去的。」我笑了笑，瞄了一眼書桌前被我寫上「愛的聚會」四個字的備忘。

「那就好，對了，聚會的那家店，妳去過嗎？」

我反射性地搖搖頭，「沒有耶！在市區嗎？」

「嗯。」

「在哪條路上？」我認眞地問著，但其實我對市區的路根本一點也不熟。

「在……呃，不然這樣好了，我載妳一起過去。」

「可以嗎？」

「六點鐘，校門口見。」

「謝謝學長！」我嚥了一口口水，心裡興奮莫名。

「別客氣，照顧同高中的學妹，這不算什麼。」

「呵！」我又笑了，甜甜的。

「那後天見。」

「後天見，學長再見。」說完，我結束通話，嘴角始終揚著愉快的弧度。

當我沉溺在和學長通話的喜悅時，我的手機又響了起來，「喂？」

「學妹，還是我。」

「喔？學長？」

「我還沒說完，妳就掛電話了……」

「啊？對不起……」突然間，我又有種尷尬到臉紅的感覺。

「我的手機號碼，記得輸進電話簿裡，有什麼事可以直接找我。」

「好，謝謝學長。」明明是講電話，但是我還是又呆呆地點了點頭。

「嗯，不客氣，」他笑了笑，「對了，剛剛去和住宿的一個學姊拿資料的時候，有看見妳在宿舍大廳喔！」

「啊？我怎麼沒看見學長？」

「也許妳聊得太開心了吧！而且我也只是站在宿舍門口，因爲急著把資料送去影印，所以沒過去和妳打招呼。」

「是喔……」我嘆了一口氣，心裡有一絲因爲和學長錯過的惋惜。

「妳和王昊澤好像滿熟的喔？」

「嗯啊！我們是同班同學，而且我會計課的大小作業啊……向來全都靠他照顧的，他超有耐心，從來不因爲我太駑鈍而生氣。」

「呵呵！是個脾氣好的人啊？」

「嗯。」我不假思索地就回答了學長的問題。從我認識昊澤以來，昊澤眞的沒有因爲我聽不懂他的講解而對我生氣或不耐煩過，而且一定講解到我完全懂爲止，「對了！學長是怎麼認識他的啊？」

「其實也不算認識，我記得在我高二和高三上學期時，曾經和他在幾場正式的比賽中交手過，當時的他，表現相當耀眼。」

「眞的啊！」聽著電話裡學長對昊澤的稱讚，我有一種替昊澤開心的感覺。

「不過我記得，在我高三下學期的時候，就沒看見他出賽了。」

「退出球隊了嗎？」

「嗯，聽說是，」學長嘆了一口氣，「後來再遇到他，就是最近了。大概兩個多月前吧！我練完球之後遇到過他幾次，也一起打了幾場。」

「是喔……」我抓抓頭。

「嗯，他球打得很好，是我們公認的強手，不過很奇怪，我和隊長去找過他很多次，他就是不願意加入校隊。」

聽學長說著，我想起了上次問昊澤爲什麼不加入球隊時，他臉上那種不怎麼開心的笑。

爲什麼昊澤不想加入校隊呢？昊澤的表情看起來，並不是那種不喜歡籃球的人，而且每次體育課結束時，他都會跟班上的男生一起打上一兩個小時的球才離開啊。明明是個喜歡打籃球的人，爲什麼又要拒絕學長的邀請呢？

愈想，我愈是納悶了起來。

「小蛙？喂？」

「啊？怎麼了學長？」

「呵！我以爲妳掛電話了。」

「沒有，我只是在想昊澤的事……」

「有機會再問問他吧。」

「嗯……」

「那先這樣囉！別忘了後天的聚會。」

「好，學長拜拜，我會在校門口等你的。」

掛斷學長的電話，雖然心裡因爲第一次接到學長的電話而怦怦怦地跳得好快，思緒卻一直繞著昊澤不願意參加校隊的疑惑上，不停地打轉。

「好累喔！晚安……」我們寢室的四個人各自躺在床上，聊了將近半小時之後，禹琪首先投降。

「晚安。」麗芬和惠欣幾乎異口同聲。

「我關燈囉！」

「嗯。」

「好睏喔……」禹琪打了個呵欠，「我真的要睡了。」

「晚安！」這句晚安，我也是邊打呵欠邊說的，其實剛剛在吃禹琪買回來的消夜時，瞌睡蟲就一直不客氣地纏著我。

這種情況下，我自認應該很快就會進入夢鄉，可是和室友說完晚安，就準備要睡覺的當下，精神卻詭異地好了起來。

睡在下鋪的我，足足盯著上鋪的床板二十幾分鐘，甚至連數羊的方法都用了，但就是無法入睡。

翻來覆去了好一些時間，儘管我拚命地想讓自己睡著，但我的精神卻也拚了命似地愈來愈好。

算了！與其這樣浪費時間，倒不如花點時間來研究我的空氣槍寶典。

我無奈地坐起身，走下床，走到書桌前，打開檯燈，繼續研究剛剛明明就研究了很久，卻只看了五分之一的寶典。

翻開書不到三分鐘，我又頻頻地打了好幾個呵欠。不過說也奇怪，當我試著先趴在桌上培養睡意時，精神竟又莫名其妙地好了起來。

到底怎麼了啊？黃小蛙……妳是消夜吃太飽、還沒消化完睡不著嗎？

我趴在書上，納悶地問自己，然後不小心瞥見書架上那本我從圖書館借來，教人製作襪子娃娃的書。

對喔……還有襪子娃娃啊！借來的那天下午，我還認眞地研究了一個多小時，後來都因爲研究空氣槍寶典，而暫時忘了襪子娃娃。

我站起身拿了那本書，並且不忘順便把手機帶在身上看時間，躡手躡腳地走出寢室，往交誼廳走去。

說實在的，要不是怕燈光太亮影響了室友們的睡眠品質，我想誰都不願意在凌晨一點多的時間點上，獨自走在寧靜的長廊。儘管有些寢室還是透著微弱的燈光，但一個人走著，多少還是令人覺得害怕。

此刻害怕歸害怕，不過下一次，我依然會對外宣稱黃小蛙是天不怕地不怕。

一到交誼廳，看見有兩個看韓劇看得入迷的學姊，還有一個正在講手機的外系同學，讓我心裡著實安心了不少。

我選坐在中間一排的椅子，翻開襪子娃娃的書，從第一頁開始欣賞各種動物造型的襪子娃娃，把每一頁都大致地欣賞過之後，我才翻開早就被我夾上書籤的那一頁，認眞地研究起

愛*原來

青蛙造型的娃娃的製作過程。

愈看，我愈覺得青蛙娃娃眞的可愛到不行，愈來愈想動手開始製作。

打給育鎂好了，叫她改天帶我去市區那家手工藝品社。

我從口袋裡拿出手機，撥給向來晚睡的育鎂。

什麼……竟然關機？

我不信邪地再撥了兩次，得到的一樣是那禮貌到讓人覺得冰冷的語音。

我按了結束通話，在電話簿裡尋找呆寶的電話，按下。

通了！太棒了！

「喂……」響了好久，我正想掛斷時，呆寶接了電話。

「呆寶！」我小聲地問，「你睡囉？」

「嗯……今天上了一整天的課，晚上又討論了兩個報告……」

「喔……」聽見呆寶含糊的聲音，說不會感到抱歉其實是騙人的。

「怎麼了？我的大小姐？」

「沒啦！你睡吧，晚安。」

掛斷電話，正巧那位外系的同學也結束了她的熱線，慵懶地打了個呵欠後，踩著閃閃發亮的黑色夾腳拖，往寢室啪噠啪噠地走去。

看來我的失眠盟友又少了一位。我嘆了一口氣，鬱悶著自己怎麼會在大家都好睡的時間異常地有精神，而那種全世界都即將入睡，唯獨自己失眠的沮喪，幾乎讓我覺得連青蛙娃娃的眼睛裡，都彷彿不斷地冒出一個一個的「Z」符號……

唉……總之，這種眾人皆睡我獨醒的感覺就是很不好！

我調整了一下姿勢，將兩條腿伸長，背部放鬆，舒服地靠著椅背，繼續研究書上詳細的製作步驟，然後，想到一完成就可以送給學長的那種愉悅與興奮時，我又連帶溫習了一遍今天和學長在電話裡聊到的事情。

包括學長怕我不認識路，貼心地約好要載我到聚會的簡餐店，包括學長要我記下他的手機號碼，包括學長和我聊到的關於昊澤……

對了！昊澤……我又想起了那個讓我猜了很久的問題。

爲什麼昊澤對加入球隊沒有興趣呢？

我坐直了身子，拿了手機找到昊澤的電話後，盯著螢幕裡的「會計小天使」五個字，猶豫著該不該撥打出去。

最後，我進入了訊息選單。

「昊澤，你睡了嗎？」打好簡訊，我接著按下送出。

送出簡訊後，我呆呆地看著握在手中的手機。

很希望他會回個簡訊或電話，告訴我他還醒著。

昊澤應該睡了。

當我這樣斷定時，不知道是因爲「唯我獨醒」的孤單，還是因爲想睡卻睡不著引起的痛苦，我發現自己竟然因爲昊澤沒接電話，而相當明顯地失落。

不過就算失落，又能怎樣？

算了！就繼續來研究我可愛的青蛙娃娃好了！剛閃過這樣的念頭，響起的手機鈴聲立刻把我心裡的失落徹底打散。

「小蛙，又失眠了嗎？」沒想到昊澤的第一句話就這麼破題。

「你睡囉？」我小聲地問，也許因爲剛剛的失落，讓我眞的很開心這個時候能聽見昊澤的聲音。

「還沒，我和志憲他們還在連線呢！」

「連線？」原本還沒反應過來的我，隨即想起了最近班上男生流行的線上遊戲，「那你先去玩吧！」

「沒關係啦！」

「可是，我其實沒什麼重要的事。」我心裡悄悄地浮起了一絲歉疚，總覺得好像打擾了昊澤。

「明明失眠了還說沒什麼事？何況online game怎麼會比黃小蛙失眠這種事重要呢？」

「可是……」

「我爲了和妳講電話，都特地走到陽台來了，妳再繼續可是可是的，就太對不起我的誠意了。」

「好吧！」很明顯地說不過他，不過我發現我的嘴角卻不自覺地上揚。

「妳在寢室嗎？」

「不是，交誼廳。」

「在看電視？好像有電視的聲音……」

「沒有，我正在研究一本襪子娃娃的書。」我瞄了一眼已經在看下集預告的學姊，看樣子，等片尾曲一唱完，我的失眠盟友又要少兩名了。

「襪子娃娃？」

「嗯，我要做個青蛙造型的襪子娃娃送給學長，正在努力研究。」

昊澤呵呵地笑了，「學長生日嗎？」

「不是，就是想親手完成，然後親自交給他。」

「原來如此……」

「高中的時候曾經偷偷送了一個手機袋，所以這次說什麼也想要親手交給學長我自己做的娃娃。」韓劇的片尾曲一唱完，兩個學姊果然關了電視然後邊討論劇情邊走回寢室。

「哈！沒想到高中時的黃小蛙這麼害羞，送禮物還偷偷送。」

「不是，不是因爲害羞啊！」我急著否認，天知道當時我多麼想親手送給學長，「是因爲我和爸爸約定，到了大學才能談戀愛的。」

「嗯，那妳加油囉！」

「會的，等我做好給學長的襪子娃娃，你不嫌棄的話，我也做一個送你。」

「我也有？」

「嗯，報答你……呃……每次cover我會計課，以及陪我一起失眠的恩情。」我挪動了一下身體，翻開目錄那一頁，「你想要什麼造型的娃娃？有青蛙、小雞、熊寶寶、小猴子……你可以自己挑選。」

「不然明天會計課，妳把書帶來怎麼樣？」

「也對！」

「對了，那妳的空氣槍研究得怎樣了？」

「空氣槍啊！一樣還是一知半解，對我來說，襪子娃娃要比空氣槍可愛多了。」說完，我打了個呵欠。

「想睡了喔？」昊澤溫柔地問我，顯然察覺了我來不及稍作掩飾的呵欠。

「是有那麼有一點睡意了。」

「趁著有睡意，就快去睡吧！」

「嗯，那你呢？也要睡了嗎？」

「如果我說換我失眠了呢？」我猜，說這句話時的昊澤，一定帶著很溫柔的微笑。

「那我黃小蛙當然也會義不容辭地陪你啊。」我又打了個呵欠。這一次，為了增加這句話的可信度，我刻意收斂了一點，希望不會讓昊澤發現。

他哈哈地笑了笑，「請問剛剛……」

「剛剛怎樣？」我擦了擦因為打呵欠而流出來的淚液。

「是又打了第二個呵欠嗎？」

「呃……」尷尬，沒想到還是被昊澤聽了出來。

「好啦！故意鬧妳的，快去睡吧！」

「嗯，你也要睡了吧？」我闔上書，不放心地再問了一次。

「也差不多要睡了，對了，妳那裡看得到天空嗎？」

「什麼？」

「有窗戶嗎？」

「有。」

「走到窗戶那裡看看，今天的星星很美。」

「嗯……」我拿起書，邊說邊往窗戶走去，打開了玻璃窗，順手也把紗窗推開來，抬頭往天空望去，果然看見一片黑得很乾淨的夜空，點綴了一點一點明亮的星星。

「很美吧？」

「嗯……」

「如果等會兒還是睡不著，再撥給我也可以。」他用溫柔的語調說著，「晚安囉，黃小蛙。」

「晚安……」我仍仰著頭，貪婪地看著這片美麗的夜空。

「都很可愛吧？」趁著老師給我們十分鐘左右計算習題的空檔，我小聲地對坐在我旁邊昊澤說。

「的確，」他翻到某一頁，指著書裡頭咖啡色的小猴子，「這就很可愛。」

「嗯，」我點點頭，先瞄了老師一眼，再偷偷將目光飄到昊澤桌上的書，「我喜歡左邊那隻。」

「的確，左邊的比較可愛。」

「那你決定要小猴子了嗎？對了！你快翻到下一頁，看看我要做給學長的。」

他點點頭，立刻翻到下一頁，指著三隻樣本裡的其中一隻，「這隻嗎？」

「你怎麼猜得出來？好厲害喔！」我睜大眼睛，要不是礙於上課，我想我一定會因爲驚訝而大聲喊出來，迫不及待地問昊澤爲什麼能輕易猜中。

「這隻最可愛，而且也最有妳黃小蛙的fu。」

「呵呵！眞的喔？」我嘿嘿地竊笑了起來，坦白說我眞的也比較喜歡那隻頭上綁了粉紅色蝴蝶結的青蛙，「那你要不要改變主意？」

「呃……」他猶豫了幾秒，「還是猴子好。」

「爲什麼？看來看去還是比較喜歡猴子嗎？」

「不是，其實一開始，我本來是想選青蛙的，得到小蛙做的青蛙，怎麼想都是件有趣的事，」他呵呵笑地了幾聲，「後來想想，還是算了。」
「算了？為什麼？」他的回答讓我挺納悶的。
「為什麼啊……那我先問妳，為什麼妳會選擇青蛙送給學長？」
「因為我是黃小蛙，所以想親手做隻青蛙，送給我最愛最喜歡的學長啊。」
「噓！小聲一點。」他先看了老師一眼，然後皺起了眉頭警告我，「那就對了啊，這種親手做的東西，是具有特別意義的。」
「喔……」點點頭，我想我大概懂了昊澤的意思。
青蛙娃娃代表我黃小蛙，至於親手做給學長，就代表了我眞誠喜歡學長的心意，其實這也是當初我決定自己動手製作的原因。親手製作某個禮物送給喜歡的人，是一件既神聖又特別的事，並且是具有紀念性的。
如果我和昊澤的立場對調，換成了是他要送個親手製作的東西給他喜歡的女孩，我想我也不至於太白目，應該也會和他做出一樣的選擇。
這種想法，我不知該怎麼形容，只知道那是一種「專屬」，一種附加在「喜歡」上頭，很不一樣且不容被取代的「專屬」。
可是很奇怪，昊澤的顧慮我都能懂，卻也發現我的心裡好像根本就不在意再多做一個一模一樣的娃娃送給昊澤。
是因為熟稔的關係吧？要是呆寶和育鎂要求我，我當然也會義不容辭，什麼都不考慮就答應啊！何況昊澤也算是我上了大學以來重要的朋友，會計課都是他在罩的，就連我失眠的時候，他也沒囉唆一句就放下線上遊戲陪我聊天……

「其實……」我看著昊澤，覺得自己的聲音好像又變大了，於是緊張地瞄了老師一眼，確定一下沒有引起老師的注意，「如果你想要青蛙的話，我也會做給你啊！」

「是嗎？」他笑了，笑得瞇起來的眼睛很溫柔。

「所以……你到底想要猴子還是青蛙？」

「其實都好，不然等妳完成了學長的禮物，我們再來討論好不好？」

「為什麼？」

「說不定等妳做好了青蛙，就會想做猴子也說不定，由妳決定。」

「可是這樣好像顯得我很沒誠意耶！明明說好是要讓你自己挑選的。」

「沒關係，兩種我都會喜歡的。」

「好吧！到時候我們再討論，」我聳聳肩，「對了，你知不知道市區那間很大的手工藝品店？」

「知道，我在那附近打工。」

「那你今天有打工嗎？可以讓我搭便車？」我雙手合十，不過隨即看見了昊澤臉上的猶豫，

「如果時間不湊巧的話，逛完我會自己搭公車回來的。」

「不是這個問題，今天沒有打工，可是我已經和禹琪約好，等會兒下課後要和她還有她男朋友到資訊展去選一台筆電。」他抱歉地笑了笑。

「喔！對喔！」我拍拍額頭，想起禹琪昨天晚上提到過，那時禹琪還皺著眉頭說她男朋

友完全是電腦白痴呢。

「還是妳要一起去資訊展？」

我考慮了一下，「算了，我還是回宿舍補個眠，再繼續和空氣槍培養感情好了。」

他點點頭，揚起了眉問我，「那明天晚上好不好？」

「明天晚上空氣槍研究社有聚會……」我不自覺地嘟起了嘴。

「那後天好了，後天下午我必須到打工的地方一趟，拿份資料給我們老闆，我們大概兩點半從學校出發，細節再討論。」

「好，那後天買好材料後就可以開始進行了。」我點點頭，因爲後天晚上就可以開始著手製作襪子娃娃而開心著。

不過，這樣的開心並沒有持續太久，而且還立即被砸個粉碎。

「二十七號！」

老師的聲音傳進我的耳裡，銳利又不客氣地切斷了我剛剛的快樂。我挖挖耳朵，希望是自己聽錯。

老師清清喉嚨，咳了幾聲，用更大更殘忍的音量再喊了一次，「二十七號！」

果然……是我的座號。

「有！」心不甘情不願地站起來之前，我還偷偷對旲澤辦了個極醜的鬼臉。

「這一題請妳到台上來計算一次。」

「好。」我裝作若無其事地對老師笑了笑，雙腿發軟無力地站起身。

怎麼又點到二十七號！

這次完蛋了啦！我在心裡大喊不妙，昊澤都在跟我討論襪子娃娃討論得這麼開心，這次他怎麼會有答案可以借我「參考」呢？

算了！硬著頭皮上陣、亂算一通吧！

我踏出沉重的步伐，帶著必死的決心到台上去。這時，昊澤偷偷地拉了拉我的手。

「咦？」我偷偷看了他一眼，看到他那很有自信的笑。

他用氣聲說了一句加油，很巧妙地把手上的紙條塞給我，像往常一樣。

老師解說完我寫在黑板上的那題習題，下課鐘聲也正好響了起來。當他宣布完下個星期要小考後，便拿了他的資料匆忙地走出教室。

幸好。一切都幸好。

我微微側身，「嚇死我了。」

「這種小事就嚇死了，不像黃小蛙的作風。」昊澤哈哈地笑著，邊和我聊天邊收拾自己的東西。

「拜託，你又不是不知道會計是我的罩門。」

「不只是會計，所有和數字有關的科目都是妳的死穴吧。」

「你還挺了解我的嘛！」我嘿嘿地笑了笑。

「知道就好。」

「話說，你好陰險喔！明明看你都在研究襪子娃娃的書，竟然還能在緊急時把解答塞給我。」我皺起鼻子，隨便地抱怨一下。抱怨歸抱怨，我心裡還是很清楚如果沒有昊澤，依照會計老師的龜毛個性，我肯定會被記上一筆足以影響期末成績的帳。

「在看襪子娃娃之前，我就已經先把這一章的習題算好了。」

「陰險、陰險！虧我還和你討論得這麼認眞。」我白了他一眼。

「這樣的陰險還不是爲了妳。」

「爲了我？此話怎講？」

「如果不是爲了妳，我大可什麼都不管，專心研究襪子娃娃就好，況且如果不是爲了妳，我又何必大費周章把解答寫在這麼小的紙上？」把書放進背包後，他拉起了背包的拉鍊，笑笑地對我說。

「呃……」對耶……我倒是沒想到這點，就算只是計算，昊澤好像眞的也不需要這麼辛苦地把解答寫在小抄上。

「沒話說了吧！」

「唉唷！讓我抱怨一下會怎樣啦！」正如昊澤所言，我的確沒話好說，所以乾脆耍起賴皮來了。

「呵！對了，那妳昨天……後來就睡著了吧？」

「嗯，回到寢室後沒多久就睡著了。可是因爲太晚睡的關係，今天早上差點爬不起來，還是禹琪把我挖起來的。你呢？害你這麼晚睡，一定也很累吧？」我又突然感到歉疚。

「還好，我還是那句老話，以後失眠又沒人陪妳的時候，可以打給我。」

「你不怕開出這種支票，我每次失眠都要吵你嗎？」我笑了，是那種因爲由衷的開心而開懷大笑的那種。

「反正我本來就習慣晚睡。」他聳聳肩，嘴邊有淡淡的笑意。

「那如果你正在打線上遊戲呢？」不知怎麼搞的，我突然興起了刁難的興致，非要問到他投降不可。

至於爲什麼，我也不知道，就是純粹想捉弄他一下。

「我可以立刻用爐石飆回主城，然後離線。」

爐石？那是什麼玩意兒？

算了，暫且撇開不管，等一下再研究好了。

「那如果你已經睡著了呢？」我就不信考不倒你，因爲刁難而起的得意在我心裡泛開來，而且有上癮的跡象。

「如果我還有一絲絲的知覺，只要聽見鈴聲的話，絕對會接妳的電話。」

「不會搞關機那一套吧？」我瞇起了眼，極盡刁難之能事。

「放心，衝著妳這句話，絕不關機。」

「那如果……」

他拍了一下我的頭，打斷了我的話，「妳又一堆『如果』、『如果』的了！」

我揮揮手，「唉唷！我只是想確定一下你的誠意啊！」我隨便找了個理由，絕口不提「刁難」兩個字。

「好吧！那還有什麼要問的？再開放妳call in一個問題，再來就要進廣告了。」

因爲他那句「進廣告」，以及他臉上那種假裝正經八百的表情，讓我哈哈地笑了很久，而且有好幾次，我想繼續問下去時，一看見他的臉，我又克制不住地噗嗤笑了出來。

最後我還是強忍著笑，「如果那天天氣好，也會像昨天那樣看星星嗎？」

「嗯，」他聳聳肩，笑著，「一起欣賞星星的美。」

我點點頭，就算他沒說這是他開放發問的最後一個問題，我也覺得自己已經想不到可以再繼續刁難他的「如果」了。

「那就好。」我緩緩地說出這三個字，然後突然想到剛剛他說的「爐石」……

「那個線上遊戲，好玩嗎？」

「我個人是很喜歡。」

「那剛剛你講的『爐石』，又是什麼東西？」拉上包包拉鍊，這次問的，是剛剛讓我好奇的問題。

「爐石就是一個石頭，放在包包裡，你拿到一個新地圖就可以去找旅館的老闆設定，」他看著我，停頓了幾秒後，才又繼續說下去，「設定完成後，要下線前只要點爐石，就可以直接回到旅館，不過一個小時內只能用一次。」

「了解。」我點點頭，高中時和呆寶、育鉷一起玩瘋了的線上遊戲裡，也有類似的遊戲設計，只不過在那個遊戲裡不叫爐石，而叫傳送捲軸。

「要不要一起玩？我們可以帶妳喔！」

「目前沒這個打算，」我苦笑，「我是那種一玩就會沉迷的人，對我來說，現在這個關鍵時刻，還有比線上遊戲更重要的事。」

「例如空氣槍或襪子娃娃？」他揚眉，一副「我了解」的表情。

「嗯啊！真不愧是我的好朋友，這麼了解我。」

「知道就好，我可是真心把妳當成好朋友的。」他笑了笑，又是陽光等級的笑容，然後當他還想再說什麼的時候，禹琪已經收好了她的東西，朝我們的位置走了過來。

「哈囉！」禹琪笑得甜甜的，「好像每次看到你們，都聊得很開心呢！」

「我們在聊失眠該有的應變措施。」我背起包包，看見禹琪甜甜的笑容，自己的嘴角好像也不自覺地往上揚起。

「譬如說一起看星星嗎？」

「沒錯。」我點點頭，一大早，在走來教室上課的路上，我已經把昨天怎麼也睡不著的慘痛經驗以及和昊澤講電話的大致內容告訴禹琪。

「呃……」禹琪瞄了昊澤的桌上一眼，「昊澤你已經收拾好了嗎？」

「嗯，可以走了，妳男朋友呢？」昊澤也背起了背包，站起身。

「他已經在資訊展那裡等我們了。」

「ＯＫ！那我們走吧！」

「小蛙！我們先去囉！」

「嗯，路上小心！」我揮揮手，看著他們離開，然後打了個很大很大的呵欠。

「犢牛式步槍？」我自言自語地唸著，「像奧地利的AUG，法國的FAMAS以及英國L85A1，都有很多玩家偏愛……」

回到宿舍補完眠，我又繼續研究空氣槍寶典，一翻開書，我發現原本以爲靠近了些的空氣槍世界，好像又變得和一開始一樣遙遠，一大堆有的沒的的專業介紹，也像一開始一樣再次完全地超出了我能理解的範圍。

當我因爲這樣而有點喪氣時，寢室的門「叩叩」地響了幾聲。

「誰？」

「小蛙，是我啦！」

育鎂？我站起身，走到門口替育鎂開了門。

「育鎂妳沒課囉？」

「是啊！快來吃！熱騰騰的豬肉餡餅。」

我用力地吸了一口，「好香喔！乘以二？」我嘿嘿地賊笑。

「對，幫妳買了兩個。」育鎂誇張地翻了白眼。

「眞是太愛妳了！」我迫不及待地從塑膠袋裡拿了一個豬肉餡餅，大大地咬了一口，

「呼！好燙……」

「咦？禹琪她們都不在啊？」

「禹琪和昊澤去資訊展看筆電。啊，好燙……」我用手在嘴邊搧了搧風。

育鎂誇張地睜大了眼睛，還飆高了音量，「什麼？禹琪和昊澤？我有聽錯嗎？」

「沒聽錯。」

「禹琪不是有男朋友？怎麼會跟昊澤去？」明明知道沒有別人，育鎂還是壓低了音量，讓我覺得很好笑。

「張育鎂同學，妳眞的很八卦耶！禹琪的男朋友也一起去了，因爲禹琪的男朋友對筆電完全不了解。」

「原來……我還以爲……」育鎂尷尬地笑了笑。

「就算她男朋友沒去，昊澤陪他去也不會怎樣啊。」我皺了皺鼻子，「呆寶不也常常單獨和我或陪妳去買東買西的？」

「那不一樣啊！呆寶是呆寶。」

「難道呆寶就不是男生？」我繼續反駁。

「唉呀！我也不知道該怎麼說啦！反正，如果今天只有他們兩個去的話，我還是會覺得曖昧，別忘了，人家禹琪可是很稱讚昊澤的耶！」

「稱讚……」我思索了一下禹琪的話，「我懂妳的意思，不過妳也知道禹琪她已經有她的阿娜答了，而且人家恩愛得很呢！別想太多了。」

「好吧！」育鎂聳聳肩，顯然也不想再兜著這個話題打轉，大口地咬了餡餅一口後，下巴微微揚了揚，指著我桌上的書，「空氣槍有成果了嗎？」

「沒有，」我苦笑，把第一塊餡餅的最後一口塞進嘴裡，「超難懂的，接觸了空氣槍，才知道這眞的是一門大學問，複雜的程度應該不輸給眞槍吧！」說到眞槍的時候，又想起學長說我是玩遍眞槍的大姊頭的玩笑話。

「是喔……」育鎂的臉上透露了很多的同情。

我伸手拿起第二塊餡餅，咬下一大口，「嗯，妳看！」我指著書上的照片。

「啊？」育鎂湊了過來。

我的手指在圖片上點啊點的，「這些槍都可以根據玩家本身的喜好，去決定需要做什麼改裝，或是添購怎樣的部品。」

「嗯。」

「妳看，有些玩家的改裝技術甚至可以用爐火純青來形容了。」我又指了改裝的系列圖片，是一張張的重要分解圖。

「哇！小蛙，妳眞的有做功課耶！」

「其實下一次妳考我，我還是一項也記不得的。」我攤了攤手，極爲無奈，「繼數字之後，我又發現我黃小蛙另一項不擅長的東西。」

「沒關係啦！重要的是妳的付出啊！」育鎂抿抿嘴，「再說，空氣槍又不是愛情的全部。」

「嘻嘻！這句話我喜歡。」

是啊！就像育鎂說的，空氣槍不是愛情的全部。

我也很清楚，學長不會因爲我懂空氣槍就愛上我，但研究空氣槍卻是目前唯一可以讓我更靠近學長的方式。

「呵！對了，聽說妳昨天失眠啊？」

我點點頭，「對呀……我還打了電話給妳呢！結果竟然連妳也睡了，夜貓子女王耶！竟然比我早睡。」

「昨天太累了嘛！」育鎂不好意思地笑了笑。

「後來我打給呆寶，連呆寶也睡了，不過他倒是有情有義的接了我的手機，聽到他含糊的說話聲，反而讓我覺得抱歉。」

育鎂甩甩她的頭髮，「他不會和妳計較的，換成是我，一定被他罵到爆。」

「誰叫妳平常對呆寶凶巴巴的？」我吐吐舌頭，「呆寶他罵歸罵，其實也對妳很好啊！對了，呆寶最近怎麼都這麼累啊？」

「那傢伙最近太忙了，他這次的報告又和那個系花小姐同組，力求表現啊！」

「是喔！不知道呆寶能不能『追花成功』喔？」

「天知道喔！愛情這種事本來就很難預測。」育鎂俏皮地吐了吐舌頭，「說不定哪天，呆寶就牽著系花小姐的手來參加我們的聚會。」

不知怎麼的，聽到育鎂說關於愛情很難預測，我突然想起之前禹琪說呆寶和育鎂說不定也有發展性，連帶想起那個不是五星級就是高級牛排的賭注。

可是到目前爲止，我個人還是認爲育鎂和呆寶根本不可能迸出任何愛情的火花。

「育鎂……」

「幹麼？」

「呆寶是個好人吧？」我決定試探一下軍情，順便好好地來關心一下這兩個我最好的朋友。我以爲思考了幾秒後，能問出高竿一點的問題，沒想到……

「妳在說什麼廢話？呆寶當然是好人啊！」

「呃……我不是這個意思，」我抓抓頭，「我只是要說……」我繼續組織我的用字遣詞。

「說什麼？」

「如果呆寶有一天愛上妳了呢？」爲了不讓育鎂起疑，我還故意輕描淡寫。

「黃小蛙！妳是睡不飽精神恍惚了嗎？」育鎂摸摸我的額頭，「還是不舒服啊？怎麼淨問一些怪問題？」

「沒有不舒服，我只是假設一下嘛！幹麼這麼認眞？快點回答我啦！」

「眞的要回答？」

我點點頭，很堅定。

「我想想看……」育鎂抓了抓她的捲髮，看起來眞的很認眞在思考我的問題。

「嗯。」我放下了我的餡餅。

「如果呆寶愛上我的話……」育鎂皺起了整張臉，「怎麼想都覺得不可能啊！」

「張育鎂同學！」我吼了出來，「害我這麼認真等妳的答案。」

「小蛙，對不起啦！我真的沒想過這個問題……」她露出抱歉的笑，「不過我答應妳，我一有答案就跟妳說。」

「好吧。」我點點頭。

「還有，妳幹麼突然問這些奇怪的問題啊？」

「沒什麼啦！只是剛剛突然聊到呆寶和系花的事情啊！好姊妹的閒聊嘛……嘿嘿！別想太多。」

「是嗎？」育鎂揚著眉質問我。

「當然。」我呵呵地笑了笑，暗自在心裡希望育鎂別再追問下去。

「那就好。」

「想出答案的話，一定要第一個跟我說喔！」

「ＯＫ！」

「等妳的答案！」看育鎂這麼乾脆的樣子，我悄悄地下定了決心，決定不管最後的贏家是禹琪還是我，我都會邀請呆寶和育鎂跟我們一起去大吃一頓。

在聚會的店門口等大家都到齊後，社團的其中一位學長便引領大家一起走進店裡。

這是一家不算大的店面，但裡頭的裝潢很特別，擺放的裝飾品也很有品味，也許是老闆個人喜好的關係，有些座位後面的木頭櫥櫃上，擺放了彩繪得很特別、很有藝術感的石頭，加上淡淡的黃色燈光，讓整家店變得更別緻。

我跟在學長後頭，還刻意地放慢腳步，藉機欣賞了一下櫥櫃上的石頭，每一塊都很有特色。

下次邀育鎂和呆寶一起過來好了！我打定了主意，我想他們會喜歡這樣子的店。

「坐我旁邊吧！」學長溫柔地說，禮貌地替我拉開椅子。

「啊？喔。」我點點頭，坐下。

「在發呆嗎？」學長小聲問我。

「不是，我在欣賞店裡的擺設，而且決定下一次我要帶我的死黨過來。」我笑了笑，正巧服務生拿來了幾本菜單，各自放在我們面前。

「這家店的擺設很特別，餐點好吃而且價格又不高，所以我們聚會常來這裡，老闆跟我們都熟，」學長溫柔地笑著，往櫃檯看了一眼後，又繼續說：「不過，看起來今天老闆似乎不在。」

「是喔！」

邊聊，大家也邊點好了餐點，接下來則不免俗地開始了迎新聚會的重頭戲，由社長和幾位幹部開場，進入自我介紹時間。

除了學長之外，包括社長在內的幾位幹部，以及擔任總務職的唯一一位學姊，每個人看起來都很好相處，自我介紹的內容也相當精彩有趣，大家都聽得哈哈大笑。

「別看瓊玲這樣弱不禁風的樣子，玩生存遊戲的時候，她可是位女英雌喔。」學姊自我介紹時，學長還偷偷地跟我說了這樣的話。

「那接下來，就換新進學弟妹自我介紹吧！」社長咧著大嘴，輕輕地拍著手。

「對啊！那就從力緯旁邊這位學妹開始吧！」

「啊？」

「對呀！從學妹開始。」

「呵！會緊張嗎？」學長在我身旁，小聲地問。

「不會，」小聲地告訴學長之後，我伸出手揮了揮，然後還因爲覺得自己的動作有點可笑，又趕緊把手縮了回來。「我叫黃巧華，巧是巧妙的巧，華是每個應用問題裡最常被用到的小華的華。」

「歡迎！」坐在社長旁邊一位戴著淡綠色粗框眼鏡的平頭學長，再次拍起手來。

我尷尬地笑了笑，「因爲諧音的關係，從好久以前開始，大家就叫我黃小蛙，所以學長跟學姊，以及各位同學都可以叫我黃小蛙，呃……大概就是這樣了。」

「小蛙……眞有趣。」社長瞇起了眼睛，放下手中裝了檸檬水的透明玻璃杯。

「呃……」我嚥了嚥口水，不知該對「有趣」這兩個字做什麼回應。

「呵，學妹，不多介紹一下自己嗎？」學姊笑著說。

「也可以說說看，爲什麼會選擇加入空氣槍研究社啊！是因爲興趣，還是什麼因緣際會呢？」另一位頭髮略長，幾乎及肩的學長很熱心地給了我意見。

「爲什麼選擇空氣槍社喔……」我抓抓頭。

「嗯，高中時也玩過空氣槍嗎？不然怎麼會決定參加我們社團呢？」

「呃……沒有，我從來沒有玩過空氣槍，」我嚥了一口口水，「會想加入空氣槍社，是因爲學長的關係。」

「喔？」除了學姊之外，社團裡的兩、三位學長似乎也同時發出了疑問。

「我高中的時候，就……」

學長拍拍我的肩，打斷了我的話，「小蛙是我同一所高中的學妹，前幾天遇到我，正好聊到空氣槍社。」

「喔，對啊！所以才會想要參加看看的。」我不好意思地笑了笑，我想學長打斷我的用意，應該是怕我不小心把眞正的原因說出來，擔心我會在眾人面前尷尬或不好意思。

「那妳對空氣槍了不了解？」學姊笑著問我。

「其實我從來沒有玩過空氣槍，對空氣槍唯一的認識，是從力緯學長借我的那本書開始的。」

「有興趣吧？」

「這個……」我猶豫了幾秒，在我想著該怎麼回答時，和我一樣是大一新生的一位男同學正巧開了口接話。

「我也沒有眞正玩過空氣槍，但自從看一位朋友玩過之後，我光是從網路瀏覽一些相關的網頁，興趣就愈來愈大，愈來愈想了解空氣槍。」那個同學說。

「是喔？」我睜大了眼睛，「那你碰過眞的空氣槍嗎？」

「倒是沒有。」他搖搖頭，「可是我從網頁跟相關雜誌上看到的空氣槍知識，我覺得自己不一定會輸給別的玩家喔！」

看了一下大家認眞聽我們對話的樣子，我還特別思忖了自己的用詞，「可是你不覺得空氣槍的世界……超高深莫測的嗎？」

其實我比較想問的是，對空氣槍完全不了解的他，光看網頁眞的就能夠了解這麼多嗎？那爲什麼我看了學長的那本寶典，能夠了解的東西卻還是少得可憐？甚至連幾把經典的空氣槍型號都記不住？

「沒錯啊！就是因爲高深莫測，所以才更引人入勝。」

「呵！」我呵呵地傻笑，我想這應該是智商的問題，所以決定就此打住這個話題。

「看來大家都挺聊得來的。」社長哈哈地大笑，嘴巴一樣咧得大大的。

「是啊！這樣一來就熱鬧多了。」

接著，在學長姊的要求下，幾個新進社員也簡單地自我介紹了一番，在最後一位應數系的同學介紹完畢後，那位戴著淡綠色粗框眼鏡的學長開了口。

「力緯，不是還有一個學妹嗎？」

「嗯，」學長點點頭，溫和地笑了笑，「除了小蛙之外，還有一個學妹。」

「還有學妹？」我喃喃自語著，再看了一下所有參加聚會的社員。

「呵！是我的直屬學妹，她今天晚上正好也有班聚，所以才沒有過來。」

原來如此……我還以為自己眼花到男生女生都分不清楚。

「力緯，那麼你學妹的課表有託你拿過來吧？」

「嗯，剛剛我已經交給瓊玲了。」

社長咳了咳，「這學期開始，我們會請在空氣槍方面相當有研究的玩家和老師，來替我們上幾堂課，所以這學期的社團時間，我們幾位幹部會盡量參考大家的課表，列出最能配合大家的上課時段。」

社長一說完，立刻得到大家的掌聲。在這個時候，服務生也陸續送來了一份一份讓人垂涎的餐點。

「大家邊吃邊聊吧！」

「嗯。」幾位已經拿到餐點的同學，拿起了他們的餐具一口一口地吃著。

受不了這撲鼻的香味，我盯著坐在我對面那位英文系男生桌上的海鮮義大利麵，肚子咕嚕咕嚕地叫了起來。

爲了不讓學長聽見這會讓我尷尬得想躲到月球去的咕嚕聲，我還裝作若無其事地和學長以及學姊聊著天，直到自己的培根義大利麵擺在眼前，警報才眞正解除。

我迫不及待地拿起餐具。

開動！

「大家再見！」

「再見！」

「再見！」揮揮手，看著一個個將來都是……喔，不！是現在都已經和我同是空氣槍研究社的社員，我也開心地向大家說了再見。

每個人都吃完自己美味的晚餐後，社團的學長姊又另外點了很多好吃的招牌點心。我們繼續邊吃邊聊，要不是服務生禮貌地前來告知已經差不多快到打烊時間了，我想我們會繼續這樣沒天沒地地聊下去。

「我們也走吧！」學長笑咪咪地說，在大家都離開之後。

「好！」我走在學長身邊，和他一起往停放機車的位置走去。

「今天的聚會還開心嗎？」

「開心，而且眞是太好笑了，我笑得臉都發痠耶！」

「以後要習慣喔！每次聚會幾乎都是這樣，我不是說過，社團裡的人都很好相處嗎？」

「嗯，就跟學長一樣。」我點點頭，想到社長說他第一次玩生存遊戲時鬧的笑話，我又不小心笑了出來。

「怎麼了？」看我沒來由地笑了起來，學長疑惑地看著我。

「沒，剛好想到社長說的那件糗事。」

「哈哈!那眞的很好笑,要是當時妳在場,一定印象會更深刻。妳可以想想自以爲躲得很隱密,但其實卻露出個大屁股,讓對手射個正著的樣子嗎?那時候阿青還很搞笑地在地上滾了兩圈,眞的笑死我們了。」

聽學長說著,我又忍不住笑了。雖然我對生存遊戲也不怎麼了解,但我還是很認眞地在我的腦袋裡想像社長的屁股露在外面被大家掃射的模樣,「好好玩的樣子。」

「這件事連社長的女朋友都笑彎了腰。」

「是喔?」

「嗯,而且社長的女朋友也是空氣槍的箇中高手喔!」

「社長的女朋友?」想必是個女中豪傑吧!我猜。

「嗯……是另外一所學校空氣槍社的副社長。」

「哇!兩個人有相同興趣的感覺,一定很好!」

學長看了一眼與他並肩走著的我,「我想是的,有共同的興趣跟話題是很難得的。」

「嗯……我想也是。」我笑了笑,心想,如果能和學長有相同的興趣、相同的話題,這種感覺一定也很好。至少,會覺得自己更靠近學長吧。

不過,糟糕的是,到目前爲止,對於空氣槍,我好像始終沒能像對襪子娃娃那樣,產生太大的興趣。

「對了!聚會一開始妳好像有點緊張,是擔心社團的學長姊不好相處嗎?」

「喔!不是啦。」

「還是被哈威的樣子嚇著了？他平常就愛搞怪。」學長笑著問我。他口中的哈威，就是那位戴著淡綠色粗框眼鏡的平頭學長。

「眞的不是啦！」我尷尬地笑了笑，有一點意外，沒想到學長竟然發現我在聚會一開始時的不安。

是因爲學長的體貼細心，才會察覺我的心情？還是純粹因爲我表現得太明顯，連路人都看得出來？

不管是哪種情形，學長能注意到自己，我忍不住有一點點開心了起來。

「不然呢？是我猜錯了嗎？」

我搖搖頭，因爲正考慮著該怎麼回答，我刻意迴避學長注視著我的眼神，猶豫了一會兒才開口，「其實……」

「其實怎麼樣？」

「其實我是擔心大家的話題，會全部繞在空氣槍上頭，然後我插不上話不打緊，還回答不出個所以然，那就糗大了。」我苦笑了一下。

「哈！就爲了這個擔心啊。」學長停下腳步，眼睛因爲笑容而微微瞇了起來。

「因爲我眞的很擔心自己會是聚會裡唯一的門外漢。」

「眞是的！」學長的眼睛笑得更瞇了，然後冷不防地拍了拍我的頭。

我摸摸頭，沒有再說什麼，只是很訝異學長的舉動，想起了昊澤上次也這樣拍我的頭的情景。

「妳眞的想太多了！」

「是嗎？」我皺皺鼻子。

「嗯，再說，不是每個人都可以立刻了解的，尤其是像妳這樣從沒接觸過空氣槍的新手。」學長又邁開了步伐，繼續往前走。

「呼！那我就放心了。」跟上學長的腳步，還因爲學長的話而放心許多。

不過，我始終沒忘記沒多久前，我已經確定空氣槍的領域，是我黃小蛙繼數字之後，另一個自覺到非常不擅長的了。

「我相信只要妳眞的有興趣，就一定會慢慢地了解空氣槍，甚至喜歡空氣槍的。」

「可是……」可是我好像對襪子娃娃比較有興趣耶！唉！

「總之，加油囉！」

「嗯，我會努力的。」我在學長面前露出了一個很有自信的笑。

「妳抬頭看看天上的星星。」

「嗯？」

「今天的星星很多，連它們都急著跑出來幫妳加油了。」

我抬起頭，果然看見不少鑲嵌在黑色天空的星星，「呵！是啊！」

走到機車前，學長拿出鑰匙，打開機車行李箱後，將其中一頂安全帽遞給我，「所以，加油喔！」

「嗯，」我接過安全帽戴上，「最近的星星還眞辛苦。」

「什麼？」學長揚起了他的眉，滿是疑惑地看著我。
「啊！」我連忙摀住嘴，暗自希望學長沒有聽清楚我說的話，「沒有啦！」
「沒有嗎？」學長笑了笑。
「呃……」我好懊惱。
「我覺得我好像聽見了什麼星星很辛苦的話。」
「哈！」我苦笑了一下，「其實也沒什麼啦！前幾天失眠時，除了昊澤之外，星星也陪了我一會兒。現在，和學長一起聊空氣槍，星星也要幫我加油，這樣還不辛苦嗎？」
「呵呵！眞有趣的說法。」
「我很怪吧？」我嘆了一口氣，想起呆寶和育鎂總說我想法很怪。
「對我來說，很有趣。」學長也戴好安全帽後，跨上機車，「上車吧！」
「嗯。」我點點頭，也跟著跨上機車。

隔著宿舍的褐色玻璃門，學長對著我比了個「六」的手勢，接著便拿起手機撥號。
「眞是太……太驚險了。」我接起手機，因爲跑得太快太急，大口大口地喘著氣。
「不好意思，我也忘了有門禁。」學長笑了笑，玻璃門外的他，看起來根本一點也不喘，果然是受過訓練的籃球校隊隊員，讓我由衷地佩服。
「是啊！連我自己都忘記，差點就得露宿街頭了。」我拍拍額頭。

騎回宿舍的路上，我和學長聊起了很多高中時代的事，從某間鬧鬼的教室開始，到某某主任娶了同校的老師的八卦，再到校長仍然操著他那台語腔極重的國語在朝會時劈里啪啦的訓話……我們一路上就這麼開心地聊著。

學長也因爲和我交談的關係，刻意放慢了騎車速度，和我邊聊邊笑地騎回學校。

也許因爲沉浸在與學長相處的快樂裡，我完完全全、徹徹底底地把宿舍門禁這碼子事拋在腦後，要不是在學校停車場停車時，我終於接到禹琪打來的第六通電話，否則憑我這短腿蛙，很難在最後的十分鐘裡驚險地衝回宿舍。

「沒關係，來得及都好。」

我繼續喘著氣，「對啊！關鍵的最後一秒，呼！可是好喘喔！」我拍拍胸膛，尷尬地笑了笑。

「看來妳的運動量不太夠，和我們一起跑個幾圈操場，一段時間下來，這段短短的路程就能跑得輕鬆愉快了。」學長瞇起了眼，嘴角因爲笑而揚起。

「呵！」我吐了一大口氣，試著讓自己的呼吸緩和下來。

「對了，雖然剛剛問過了，不過我還是想再問一次，今天……開心嗎？」

我再吐了一大口氣，「當然，開心到爆了，雖然聚會剛開始時，是真的有點緊張啦！」

而且，和學長相處，也開心到爆啊！

不過後來的這段話，我並沒有說出來。

「開心就好，那妳早一點休息。」學長露出了很溫柔的笑容。

「嗯。」我擦了擦從太陽穴流下來的汗，「謝謝學長特地送我回來。」

「不客氣。」學長揮揮手，「對了，後天吧！我們會開個小會，討論一下這學期正式的社團時間，要不要第一時間告訴妳？」

「要，當然要！」我點點頭，很認真地。

「好，確定之後，一定立刻告訴妳。」

「謝謝學長！」

「不用客氣，我掛電話囉！」學長揚起了眉，還很可愛地指了指自己的手機。

「學長晚安。」

「晚安！」

對著學長揮揮手，準備將手機拿離耳朵的同時，我突然想問問聚會時學長提到有關直屬學妹的事，「等一下！學長！」

「啊？」原本也放下了手機的學長，疑惑地再度將手機貼近耳朵。

「你的直屬學妹……懂空氣槍嗎？」

門外的學長先是愣了一下，才恍然大悟地點了點頭，「懂。」

「是喔！」我皺了皺鼻子。

「怎麼了？」

「唉！那我就是空氣槍社唯一一個完全不懂空氣槍的新社員了。」

「呵！別擔心這種事，只要妳願意嘗試，我會陪妳慢慢了解空氣槍的。」

「眞的嗎？」

「當然，我怎麼可能欺騙和我同一間高中的小學妹呢？」

「學長……」

看著學長，我突然不知道該說些什麼，然後還因爲學長的溫柔與承諾，讓我覺得自己和學長之間的距離好像變得靠近，甚至讓我覺得此刻的自己是面對面地和學長交談，沒有透過話筒，更沒有隔著一扇厚重的玻璃門。

這種彼此好像很靠近的感覺，眞的很好。

但是……這會不會只是我一時的錯覺？會不會只是學長的溫柔，讓我誤會了什麼？

「別忘了，可是連天上的星星都辛苦地幫妳加油呢！」學長用拇指往天上指了指。

「對耶！差點忘了辛苦的星星。」我笑了笑，抬頭想看看夜色，從我這個位置望去，卻被對面的大樓遮住了大半的天空。

「加油囉！」

「嗯。」我點點頭，好像又因爲學長的話，獲得了滿滿的力量。

「晚安。」沒記錯的話，這應該是今晚的第二次晚安，也許是因爲太喜歡學長的緣故，總覺得這兩個字從學長口裡說出來，變得更甜蜜更好聽了。

「學長晚安。」

「這次……」學長指了指他的手機，「眞的掛電話囉？」

我點點頭，笑著，看著眼前帥帥的學長，心裡甜甜的。

「還以爲連妳也要外宿呢！」禹琪俏皮地吐了吐舌頭，放下手邊的書看著我。

「沒啦！咦？麗芬和惠欣呢？」

「她們和英文系的學伴去夜唱。」

「原來如此。」把包包放在椅子上之後，我坐在惠欣的床上，隔著略嫌窄小的走道，和禹琪面對面坐著。

「今天好玩嗎？話題不會眞的繞著空氣槍打轉吧？」禹琪帶著笑意，睜大了眼睛問。

「超好玩的，社團的學長姊都很好相處也很有趣，害得我一直笑笑笑的，都快被他們笑死了。」

「聽起來還挺不錯的，重點是終於能順利加入空氣槍社了。」

我點點頭，「嗯啊！」

「那後來呢？散會之後，妳跟學長……嘿嘿，有沒有什麼新的進展？」

「進展啊……」我思考了幾秒，「我也不知道耶！散會之後，沒特別去哪裡，就直接回來了。」

「眞的？」禹琪瞇起了眼睛，見我點了點頭，又問了一次，「眞的嗎？」

「是啊！聊完之後我們就直接回來了，哪裡也沒去。」

「那我問妳，你們是幾點離開餐廳的？」禹琪闔上了書，顯然對我今晚的遭遇更感興趣。

「大概十點多啊！」

「十點多？我的天啊！」禹琪誇張地驚呼。

「怎麼啦？」我看著滿臉驚訝的禹琪，有點納悶她的驚訝究竟從何而來。

「現在幾點了，請問？」

「現在……」我瞄了一眼桌上的鬧鐘，「十二點半。」

「對呀！十二點半，十點多就從市區回來了耶！這段時間難道你們被外星人綁架了嗎？」

我終於懂了禹琪的意思，「路上我們聊了很多高中時候的事，因爲邊騎邊聊，所以學長的騎車速度也不快。」

「用再怎麼慢的龜速從市區回來，頂多也大概十一點而已啊！說！」禹琪抿抿嘴，可愛地伸出了食指指著我，「這段時間，你們到底私奔到哪裡去啦？」

「就眞的沒有啊！」

「眞的？」

我點點頭，用極誠懇的眼神看著禹琪，「不過，和學長相處感覺眞的好棒喔！」

「呵！不用說也知道像糖果一樣甜蜜啊！」也許坐久腿痠了，禹琪伸直了雙腿。

「何止像糖果一樣甜蜜！簡直就像打翻一大桶蜂蜜那樣甜膩膩，連周遭的空氣都是甜的……」我誇張地形容著，還順便把和學長相處的經過，大致地告訴禹琪。

「哇！小蛙，妳今天眞是値回票價了啦！」
「嘻嘻！我也這麼覺得，學長他人眞的好好喔！又溫柔又帥。」
「聽起來的確是，光是那一句什麼……妳剛剛告訴我的那句……」禹琪咳了咳，還刻意裝出低沉的聲音，「只要妳願意嘗試，我可以陪妳了解空氣槍什麼的，這些話就已經夠令人感動的了。」
「嗯啊！當時我確實因爲學長的溫柔而有一種好感動的感覺，然後覺得和學長之間的距離，好像又近了一點。」
「小蛙，恭喜妳。」禹琪露出漂亮的笑容。
「禹琪，謝謝妳！」我也給了禹琪一個甜甜的笑，我知道她是由衷地爲我感到開心，「雖然革命尚未成功，現在高興好像還太早，不過只要一想到前一陣子還爲了不知道學長參加什麼社團而苦惱，接著沒多久就遇見學長，現在竟然還可以和他參加同一個社團，讓學長送我回宿舍……這一切，怎麼想都覺得好幸運喔！」
「是呀！我能體會這種感覺，以前還沒和我男朋友交往的時候，也是這種心情，這就是曖昧的美感。」禹琪嘟起了嘴，一樣很可愛。
「呼！」挪動了身體，我呈大字型地躺在床上，盯著上舖的床板，「希望我和學長也能和你們一樣修成正果，眞希望他會有被我感動的一天。」
「我想會的，女追男隔層紗嘛！而且小蛙條件也不差啊。」
「但願如此，對了！」我轉身，側躺，看著在另一張床上的禹琪，「妳覺得我這麼主動，會不會嚇到學長？」

「啊？」禹琪睜大了眼睛，沒有立刻回答我，倒像是認眞地思考了我的問題。

「會嗎？」

「也許有些男生的確不喜歡女生主動，但相信我……」禹琪摸摸下巴，那種星座老師的自信表情又表現了出來，「如果學長討厭主動的女生，我想他就會遠遠地躲開妳，根本不會說要陪妳了解空氣槍，或者是還送妳回來什麼的。」

「那我就放心了。」禹琪的話讓我放心許多，於是我笑了笑，再躺回剛剛的大字型。

「不過……」

「啊？」

「如果學長眞的討厭主動的女生，那妳就打算打退堂鼓啦？」禹琪的音調揚得高高的。

「嘿嘿！當然不！」我坐起身，看著禹琪，得意地笑了笑。

「那妳剛剛幹麼問我那個問題？」

「我是問好玩的，」我吐吐舌頭，「就算他眞的討厭我，我也還是會繼續努力地追他，直到他看見我的勇氣，不討厭我爲止！」

「眞的很佩服妳，雖然這句佩服的話，我已經說了好幾次了。」

「是嗎？」禹琪突然認眞起來，我好像突然有那麼一點點不好意思，「咦？」

「怎麼了？」禹琪順著我的目光看去。

「新筆電耶！」我跳下床，連拖鞋都沒穿就跑到書桌前。

「是我最喜歡的粉紅色喔。」禹琪也湊了過來。

「呵!粉粉的顏色很適合禹琪,哇!」我打開筆電,用指尖在那光滑的表面上摸了摸,「超漂亮、超有質感的。」

「嗯,看起來不錯吧!」

「對呀!那妳需要的程式,昊澤都灌好了嗎?」

「差不多了,他還順便幫我抓了幾款可愛好玩的小遊戲。」

「是喔!下次借我玩玩看!」

「那有什麼問題!說到昊澤啊!他眞的還滿懂電腦的耶!」

「是喔?」我蓋上筆電。

「尤其他在詢問規格的時候,整個就超專業的。」

「眞厲害,會計強、電腦也強、球又打得好。」

「而且人帥、個性好、笑容又陽光。」禹琪把我沒講完的塡充題,一次塡滿了三個,「所以我說昊澤也是很多女生心中的白馬王子,雖然到現在我還沒見過妳最愛的學長,但我相信昊澤應該也不輸給他。」

「也許吧!我從來就沒有否認過昊澤的好啊!只不過……嘿嘿!學長在我心目中永遠都是第一名!」說完,我又突然覺得好笑,因爲學長與昊澤的「大評比」又不知不覺地出現在我和禹琪的話題中。

「我知道,而且是永遠無人能敵的第一名對吧!」禹琪抿抿嘴,笑著對我說。

我比出了我的大拇指，「知蛙者，禹琪也。」

「錯！應該說，知蛙者呆寶、育鎂、禹琪也。」

「超大的耶誕樹耶！」我在百貨公司前的廣場，抬頭看著眼前的超大耶誕樹，除了金光閃閃的華麗吊飾之外，還掛著許多的幸福小卡。

昊澤載我前往手工藝品店的途中，因爲幸福耶誕樹的關係，他特地停了下來，陪我站在耶誕樹前，欣賞與感受著人們對於耶誕節即將來臨的期待。

奇妙的是，明明現在離耶誕節還有一個多月的時間，但此刻，我看著眼前這幸福到不行的布置，竟然有一種好像明天就要過耶誕節的錯覺。

「對啊！很壯觀。」他貼心地幫我提了包包，陪我站在一塊兒。

「我也來寫張卡片吧！」我走到耶誕樹旁的小架子前，拿了兩張空白的小卡，然後拉著昊澤坐在一旁的石製涼椅上，開始寫下自己的願望。

「我希望學長……」我喃喃自語地，一個字一個字把願望寫下。當我蓋上筆蓋的同時，才發現坐在我身邊的昊澤只是看著認眞寫小卡的我，似乎沒有在小卡上寫下願望的打算，

「爲什麼你不寫？」

「不是不寫，是我還沒想到要寫什麼。」

「還沒想到？那你慢慢想，我等你。」我笑了笑，從包包裡拿出我的活頁記事本，將夾

在記事本裡的青蛙貼紙拿出來，小心翼翼地貼在小卡片上面。

「眞可愛……」

「對啊！」我點點頭，再撕下一張微笑著的青蛙貼紙，貼在昊澤的小卡片上，「這樣耶誕老公公一眼就能認出這是我們的小卡，才能第一個就讓我們的願望實現。」

「原來如此。」昊澤恍然大悟地笑了笑，「也虧妳想得出來。」

「嘻嘻！」我站起身，走到耶誕樹前，用緞帶小心地把小卡綁在上頭的時候，還特地在心裡默唸了一次自己的願望。

「煞有其事耶妳！」

我嘟起了嘴，「當然囉！心誠則靈嘛！對了，你怎麼還不寫？還沒想到嗎？」

「還沒。」他聳聳肩。

「你可以想想心裡最想要完成的夢想是什麼啊！或者最想要得到什麼，還是希望周遭的人能健健康康這樣的話都可以寫，像我只要說到許願，多半都是和學長有關的。」

「呵！學長對妳來說眞的很重要呢！」

我點點頭，「當然啊！學長是天下無敵的。」

「呼！」昊澤瞄了一眼手腕上的機械錶，「我時間快來不及了，我們還是先走吧！」

「可是小卡片……」我指著他手中的卡片。

「等我寫好，有空再掛上去吧。」昊澤笑得瞇起了眼，「先走吧！」

昊澤送我到手工藝品店之後，便趕著把他要交給老闆的文件送過去，他說他會盡量早點離開，再到手工藝品店來接我，載我回學校。

其實原本我以爲自己很快就能買好襪子娃娃的材料，然而踏進這家市區最大的手工藝品店時，發現每一個小東西都能引起我莫大的注意。我來來回回逛了好幾次，除了書上提到可以添加在襪子娃娃上的裝飾外，任何能加上去或者是以後可能會用到的可愛小飾品，我都忍不住把它們放進了購物籃，當成我的戰利品。

結帳時，我還特地詢問了店員，問到距離約五百公尺的地方有賣襪子的百貨行後，我便開心地走出手工藝品店，決定往各式各樣的襪子邁進。

可是，走出騎樓外，我這才發現天上被幾朵灰灰黑黑的烏雲布滿，看起來應該會下場沒完沒了的大雷雨。

我看了一眼手錶，然後開始猶豫，猶豫著自己是不是應該再走進手工藝品店裡繼續逛逛等昊澤，還是應該一不做二不休，趁著大雨來之前，趕快走去那家店，再聯絡昊澤到店裡來找我？

當那股猶豫不決的情緒在心中愈滾愈大的同時，我抬頭看看天上愈來愈黑、愈來愈厚重的烏雲，終於做了趕快去買的決定。出發之前，還不忘傳了通簡訊，告訴昊澤忙完後撥個電話給我，我們再一起回學校。

確定訊息發送完畢後，我才匆忙地將剛剛買來的東西塞進背包，想趁著下雨之前，趕快趕到那家百貨行去。

然而，當我踩著飛快的步伐，三步併兩步地往店員指示的方向前進時，在還不到兩百公尺，令人進退兩難的地方，天空就這樣無情地落下了一滴一滴豆子般的大雨，害得我只好拔腿快速地往前跑。

不過，老天爺似乎沒有因爲我這隻短腿蛙的努力而有一絲絲同情，也沒有一點點被我的決心感動，潑水像潑上了癮般讓雨愈下愈大、愈下愈大，還隱隱約約地打了幾聲悶悶的雷。

到達那家百貨行時，我的頭髮和衣服幾乎已經淋濕，雖然不至於會滴下水來，可是光從經過的人看我的眼神就可以知道，此刻的我一定像隻打翻了牛奶，還把牛奶沾了一身的貓，極度地狼狽與困窘。

所以站在百貨行前面，我看著自己從玻璃門上映照出的模樣，稍稍打理了一下自己的服裝儀容，還順便用手梳了梳濕掉的頭髮，確定不會嚇到人後，我才邁開了第一步，想趕快進店裡看看各式各樣漂亮的襪子。

哈啾！才剛踩進店裡，我立刻打了個大噴嚏。這裡的冷氣也太強了點吧！眞是……

但是，就算冷氣再強也抵擋不了我要做襪子娃娃的決心，向店員詢問了襪子在哪一樓層，我便開心地往襪子的所在地前進。

不知過了多久，我正從架上拿了一雙淡綠色與白色相間的條紋襪子時，手機響了起來。

「小蛙，妳在哪？」接起手機，我聽見昊澤的第一句話。

「我在附近的一家百貨行。」

「百貨行？」

「對呀！那家手工藝品店沒有賣襪子，只有一些可以裝上去的飾品，這家店的襪子眞多，好好喔！」

「那一定選得很開心吧！」

「是啊！」我望了一眼購物籃，裡頭已經放了五、六雙襪子，明明只需要做一個青蛙娃娃的，「對了，外面還下雨嗎？」

「雨已經變小了，這種雨總是來得快去得快，我整理一下就過去找妳。」

「嗯，好啊！如果雨還大的話，慢一點再出來無妨。」

「嗯，那家店在哪裡？」

「剛剛那家手工藝品店出門左轉，然後直直走，大概五百公尺的地方，就會看見一間百貨行了。」

「百貨行？」電話裡，昊澤的音調揚得高高的。

「對啊！很好認的啦！這家百貨行很大。」我以爲昊澤是擔心找不到路，才會有那種極疑惑的問號。

「確定是左轉嗎？印象中，手工藝品店左轉好像沒有這樣的百貨行啊！」

「眞的，也許是你以前沒注意到吧！」我堅持著，邊說，目光邊被一雙粉紅色的小毛襪吸引了過去。

「好吧！我大概十分鐘後到店裡找妳。」

「嗯，二樓喔！」

「好，等我。」

「路上小心喔！」

「沒看到嗎？」再次接到昊澤的電話時，我已經挑好襪子，正逛到三樓的文具卡片區。

「沒有耶！」

「不會吧？」我蹲在幾張設計簡單可是很有質感的卡片前，一手拿著手機，另一手翻著卡片。

「我在附近繞了好幾圈，還是沒看到妳說的百貨行啊！」昊澤的聲音斷斷續續的，還摻雜著吵雜的摩托車引擎聲。

「怎麼會沒看到？」我站起身，也開始覺得納悶，昊澤看起來明明就是一副聰明樣，怎麼看也不像是個路痴啊！左轉直走五百公尺這種簡單到不行的路，他怎麼可能找不到？

「眞的沒有。」

「眞的沒有？」我皺起了眉，愈來愈覺得納悶，腦子還不由自主地想起呆寶曾經說過的鬼故事，然後不爭氣地打了個冷顫。

「這附近只有一家連鎖飲料店，還有一家規模不小的機車店，根本沒看到什麼百貨行。」風聲很大，昊澤的聲音聽起來幾乎快被風吹散。

「怎麼可能？」腦子裡的鬼故事，好像發酵了的麵包愈來愈膨脹。我嚥了嚥口水，「昊澤我……」

「怎麼了？」

「你說我會不會……會不會……」

「會不會怎麼樣？小蛙？聲音怎麼突然怪怪的？」

「我會不會不小心，」我再打了個冷顫，小聲地說：「不小心走進了一家……幽靈百貨行啊？」

「幽靈百貨行？」昊澤的語調揚得高高的，隨即又認眞了起來，「別胡思亂想。」

「可是……」我悄悄地往樓梯移動，發現除了我之外，不但沒有其他客人，而且連個店員也沒看見，「眞的只有我一個人耶！」

「黃小蛙，別胡思亂想，這樣只會自己嚇自己。」

「好啦……」我加快了腳步，終於在接近樓梯口的地方，看到了兩個高中女生正蹲著討論架上的相框，才偷偷地鬆了一口氣，加快的腳步也終於因爲放鬆而慢了下來。

「我再繼續找一下好了，妳想想看剛剛來的時候有沒有注意到附近的明顯地標？」

「地標……」我想了想，「我沒有注意那麼多，因爲來的時候雨愈來愈大，我趕著躲雨，跑得很快，沒什麼注意……」

「所以妳淋雨去的？」昊澤的音量比剛剛大了很多，而且語氣也嚴肅了起來。

「呃……」

「所以妳淋濕了？」

「其實也不算淋濕啦！只是頭髮有一點濕而已，衣服……」我摸了摸身上被冷氣吹得差不多快乾了的衣服，「衣服微濕而已，別忘了我腿短歸短，跑起步來可是挺快的。」不知怎麼搞的，面對昊澤突如其來的嚴肅，我好像變成了一個做錯事的孩子，一心只想找個漂亮的理由來解釋。

昊澤嘆了一口氣才又開口，「先別說了，我先去找妳。」

「嗯，我也趕快去結帳，在門口等你。我會站在騎樓外，這樣你比較容易看見我，待會兒見！拜拜！」

「等一下！」

我聽見昊澤的聲音，將原本放下的手機再度貼回耳朵，「啊？」

「好像又有點飄雨了，妳在店裡等我就好。」

「好。」

「呃……店裡面的冷氣會很強嗎？」

「嗯啊！」我踩著樓梯，一階一階地往下走。

「那妳還是在門口等我好了，記得別站到騎樓外，免得又淋雨了。」

「……」

「喂？喂？」

「我還在。」

「聽到我說的話了嗎？」

「聽到了。」很呆，但我還是改不了講手機時，一邊比手畫腳或點頭的習慣。

「我還以爲訊號斷了。」

「沒，我只是覺得好笑。」

「爲什麼？」

「我又不是三歲小孩，下雨我當然會躲進騎樓裡啊！怎麼可能笨到在騎樓外。」

「也對，待會兒見。」

我帶著笑意掛了電話，昊澤的叮嚀卻彷彿還繞在我耳邊。

而我也突然發現，原來常常和我嘻嘻哈哈的昊澤，其實也是個貼心的大男孩。

結帳後，我走到店門口等待昊澤，怔怔看著飄雨的路上一輛一輛匆忙來去的大車小車。

等了十幾分鐘，還是沒有看見昊澤的身影，當我覺得愈來愈奇怪，想拿起手機再跟昊澤確認的同時，正巧就瞥見昊澤騎著機車，速度漸漸慢了下來。

「昊澤！」我用力地揮著手。

「終於找到妳了。」昊澤搖搖頭，一副沒好氣的樣子。

「應該是我說『你終於來了』吧！」我嘟起了嘴，雙手扠在腰上，「就跟你說吧！這間百貨行很大，超好認的。」

昊澤揚起了眉，似笑非笑地說，「是啊！的確很好認。」

「說！你剛剛是不是騎太快所以沒注意到這家店？」我瞇起眼，自以爲是地望著昊澤。

「不是。」

「還是在路上忙著看辣妹？」

「小姐，我躲雨都來不及了，哪有時間看辣妹？」

「不然呢？那怎麼會找不到啊？」我歪著頭，很故意地問。

「妳還敢說，是誰說手工藝品店出來向左轉，直直走約五百公尺的？」

「我啊。」

「那又是誰在我說我印象中那裡沒有百貨行的時候，信誓旦旦地說應該是我以前沒注意到的？」

「也是我啊！」

「如果我沒有從反方向找起的話，恐怕我找到天黑都還找不到妳。」

「反方向？」我睜大了眼睛，感覺苗頭不對，於是我識相地收起了剛剛的一派天眞。

「是的，」昊澤抿抿嘴，「手工藝品店走出來的右手邊就是反方向啊。」

「呃……所以我一直都跟你說向左走？」

「沒錯。」

「是喔！」

我仔細想了一下店員說的話，再仔細地回顧了一下剛剛的路線。

唉呀！的確是往右走才對，我怎麼會腦殘到跟昊澤說向左轉呢？我尷尬地抓了抓頭，想著該怎麼向昊澤解釋。

我抬頭看昊澤，嘿嘿嘿地笑了笑，「對不起，可能淋雨淋昏頭，然後口誤了。」

「當時我就覺得奇怪，」昊澤微微地笑了，接著從行李廂裡拿出安全帽，「戴上吧！」

「嗯。」我接過安全帽，尷尬地摸了一下自己的頭髮，「可是頭髮還有點濕，這樣安全帽會……」

「沒有關係的。」

「是嗎？可是這……」

「眞的沒關係。」昊澤二話不說，就拿了我手上的安全帽幫我戴上，還貼心地幫我扣上釦環。

「謝謝。」

「不客氣。喔！對了，」昊澤伸手摸摸我濕了的袖子，脫下了他的外套，「穿上吧！免得路上吹風著涼了。」

「你這樣騎車，可能會冷耶。」我看了一眼昊澤身上薄薄的短袖T恤。

「放心，快穿上。」

「可是……」

「穿上就是了，雨好像又變大了，我們還是趕快回去好了，兩個人都淋成落湯雞的話，怎麼想都覺得糗。」

我接過昊澤的外套，看著他被雨打濕的臉，突然覺得有點對不起他，「昊澤……」

「怎麼了？」他發動引擎，疑惑地看著我。

「害你找了那麼久，眞的很抱歉。」

他敲了一下我的安全帽，「剛剛說找了很久的話都是鬧妳的，我根本不在意。」

「眞的不在意嗎？」我注視著他，發現他坐在機車上，才能讓站著的我平視他的眼睛。不用抬頭、不用仰起那號稱一六〇和一百八十七公分之間該有的仰角。

「是啊！別想太多什麼抱歉不抱歉的。」

「……」

「知道嗎？」

「知道了。」我笑了，很謝謝昊澤對我的好。

「我們應該算是好朋友吧？」

「當然。」我回答得乾脆，因爲這是無庸置疑的。

「既然是好朋友，怎麼會在意這種小事，對不對？」

想了想，我放心地點了點頭。

「所以，我一點都不嫌麻煩，別想太多。」

「嗯。」我笑了，好像因爲昊澤的話，由衷地開心了起來。

「上車。」

「好！」

從百貨行回來的路上，還不到市區到學校一半的距離。雨無情地愈下愈大，就連已經加快了騎車速度的我們，也覺得這樣衝回學校一定會淋成落湯雞。所以在昊澤的提議下，我們決定先到昊澤的住處躲雨，等雨停了，他再送我回宿舍。

「眞是的，怎麼突然又下起大雨了。」我拍拍身上的雨珠，對著昊澤苦笑。

「是呀！幸好我們躲得快，堅持騎回學校的話，肯定沒完沒了的，」昊澤邊說，邊把鑰匙插進門把，接著推開了門，「歡迎光臨寒舍。」

「謝謝。」我脫了鞋，踏進昊澤的住處，往裡頭隨意看了看，「空間看起來還滿大的耶！」

「我房間裡的東西不多，所以看起來會覺得空間很大。來！外套給我，我把它掛好。」昊澤指了指我身上濕掉了的外套。

我放下包包，把外套脫下後交給昊澤，接著便坐在床邊鋪了塑膠地板的地上，「可是你住這裡，會不會離學校太遠啊？」

「這裡雖然和學校有段距離，但是要兼顧上課和打工的話，其實還好。有時候打工結束，時間晚了或累了，也不用騎那麼遠的路回到學校附近。」昊澤邊說，邊打開了衣櫃的門，很快地拿了一件T恤換上。

「也對。」我點點頭，明明知道根本不會看到衣櫃門後的更衣畫面，我還是刻意迴避了自己的目光。

「我拿一件小一點的T恤給妳穿好不好？」昊澤從衣櫃門後探出頭來，左手還拿著一件黃色的T恤晃呀晃的。

「不用啦。」爲了掩飾我不敢亂移開目光的難爲情，我拿了遙控器打開電視。

「確定？」

「嗯，只有袖子稍微濕了而已，你的防水外套眞不是蓋的。」

「呵！」換好衣服，昊澤貼心地倒了一杯微熱的開水給我，「暖暖身體！」

「謝謝。」我喝了一口，確實因爲這樣感到溫暖多了。

他用笑回應了我，接著從抽屜拿了吹風機給我，「先把頭髮吹乾吧！」

「啊？」我摸了摸自己的頭髮，「也不會很濕啊！我看……」

沒等我的話說完，昊澤就冷不防地握了我的手，「妳看手都是冰的，還在逞強。要是因此感冒的話，很不值得的。」

「喔……」我抽回被昊澤握著的手。也許因爲沒料到他會有這樣的舉動，突然之間，我的舌頭像打了結似地，除了簡單的一聲「喔」之外，也不知道該說些什麼，只是呆呆傻傻地，在他替我把吹風機插上插頭後，打開電源，讓吹風機呼呼呼的運轉聲，掩飾我突然的詞窮。

我當然知道昊澤是出自於好意，也當然知道昊澤只是想用這個方式來說服我吹乾頭髮，但不知怎麼的，心裡就是有種很難形容的感覺。

好像是尷尬，好像是不好意思，又好像只是因爲這突如其來的舉動，讓我一時不知該怎麼應對而已。

「有沒有溫暖一點？」

「什麼？」我將吹風機拿離開我的耳邊，「你說什麼？」

「我說，有沒有溫暖一點？」

「嗯，」我點點頭，暫時把吹風機的電源關掉，「溫暖多了。」

「妳繼續吹乾頭髮，我先打個文件，等會兒要傳給和我一起打工的朋友。」

「好！」我再開了吹風機的開關，坐在塑膠地板上，繼續呼呼呼地吹了起來。

而我的思緒，不知怎麼的，卻在這呼呼呼的聲響中，不小心又飄回剛剛昊澤突然握住了我的手的畫面，最後還詭異地停留在那種讓我不知該怎麼形容的奇怪感覺。

黃小蛙！妳又不是那種堅守「男女授受不親」的古代人，而且也只不過是握個手而已，昊澤又沒有別的意思，妳到底在龜毛什麼啊？

吹風機呼呼呼地吹著，而我在心裡納悶地問自己。

吹乾了頭髮，我順便把濕掉的袖子也吹乾，還因爲貪圖溫暖的熱風，把吹風機當成暖氣往身上吹了好幾分鐘，最後才心甘情願地關掉吹風機電源，並把電線妥善地捆好。

「昊澤，吹風機是放在這個抽屜嗎？」我站了起來，指著電視旁的收納櫃抽屜。

「嗯，麻煩妳了。」昊澤瞄了一眼後，目光再次回到電腦螢幕，雙手依然快速地在電腦鍵盤上移動。

「你在打什麼資料？」

「喔！是一些文宣，有些地方要修改，傳給朋友之後就陪妳聊天。」

「好。」我脫口而出，因爲這句「陪妳聊天」的話，噗嗤地笑了出來。

「笑什麼？」他轉過頭，覺得莫名其妙似地問我。

「你好像我爸喔！」

「怎麼說？」

「小時候沒人陪我玩，爸爸看文件或工作的時候，我都會在一旁吵鬧，然後爸爸也會說『等我忙完就陪妳玩』這樣的話。」

「眞的喔？」

「不過通常爸爸都要忙上好幾個小時，忙到我都玩累了，也差不多該上床睡覺了。」

「呵！不過妳放心，我頂多再二十分鐘就OK了，等一下喔！我看看朋友上線了沒。」昊澤一樣笑著說，接著移動滑鼠開了MSN。沒想到一登入，除了離線訊息外，不到幾秒便傳來了四、五個打招呼的訊息。

「哇！你還眞紅耶！」我驚呼，「而且好友名單也太多了吧！」我好奇地看著昊澤的好友名單，諷刺地想起我在MSN之類的網路世界裡，好像可憐到只有呆寶和育鎂這兩個常客而已。

「有些是老朋友，有些是打工認識的朋友，有些是班上同學，還有……」

「嗯？」突然好奇了起來。

「還有上次和志憲他們去聯誼時認識的朋友。」

「聯誼？我怎麼沒聽你提過？」

「因爲我也是臨時被抓去湊人數的。」他移動滑鼠，打開了其中一個在螢幕下方閃啊閃的對話視窗，「像這個女生就是那時候認識的。」

我湊近了螢幕，看著對話視窗的顯示圖片，「這女生還滿漂亮的耶！」

「嗯，是個很亮眼的女孩子，那時候可是讓很多人眼睛一亮喔！」昊澤邊說，邊移動了滑鼠從我的最愛裡找到了女孩的相簿，順手點了好幾張女孩的照片。

「美女嘛！總能很快吸引大家的目光啊！」我笑了笑，坐在電腦桌旁的床上，看著女孩在沙灘上笑得漂亮的一張照片。

「小蛙也不賴啊！」

「我？」我睜大了眼睛，不以爲然地揮揮手，「我差得遠囉！」

「在朋友面前還需要這樣謙虛喔？」

「本來就是啊！一隻青蛙怎麼跟公主比？」

「妳眞的太謙虛了。」看昊澤哈哈地笑著，我突然有點不好意思，所以只好趕快轉移話題，「這個女生好像有點面熟耶！」

「嗯，志憲他們說，她長得很像最近很紅的一位歌壇新人。」

「難怪覺得眼熟。」我恍然大悟，怪不得幾張照片看下來，總覺得好像在哪裡見過，

「她是你喜歡的型嗎？」

「妳猜。」

「嗯……」我摸摸下巴，看了看昊澤，再看了看螢幕裡女孩的照片。

「妳在對照什麼啊？」

「看看你們有沒有夫妻臉啊！」

「妳喔！」昊澤伸出手，冷不防地往我頭上敲了一記。

我摸摸頭，「到底是不是你喜歡的型啊？」也許因爲昊澤沒有直接回答的關係，我也突然對這個問題的答案感興趣起來了。

「應該不是吧！」昊澤哈哈地笑了兩聲。

「爲什麼？她那麼漂亮，笑容又這麼甜，沒理由不是。」

「其實也不能說不是我喜歡的型，對我來說，我覺得與其因爲外表的美醜而喜歡上一個女孩，遠不如在眞正的相處並且有了基本的認識後，再談喜歡不喜歡比較實在。」

「可是感情的事有時候很難說啊！」我不以爲然，「像電視上那種一見鍾情的情況也不無可能。」

「也許吧！」昊澤聳聳肩，沒有對我說的話持反對意見，但也看不出他的認同。

「像呆寶對那個系花小姐，就是標準的一見鍾情。」

「嗯，只是在我身上並不適用吧！」

「是嗎？」我眯起了眼，裝出質疑的表情，看了看電腦再看著昊澤，「她可是貨眞價實的美女耶！難道你不愛美女喔？」

「美女當然是人人都愛欣賞，不過眞要論及所謂的喜歡或不喜歡，我覺得還是要眞正相處過才行。」

「龜毛！」我往他的背上輕搥了一拳，笑著下結論。

「罵我龜毛就算了，還笑成這樣？這次妳又是在笑什麼？難道妳爸爸也說過同樣的話了嗎？」

我搖搖頭，「不是啦！」

「不然妳在笑什麼？」

「不知道耶！」

眞的不知道爲什麼，不過我的嘴角還是忍不住地往上揚。

會是因爲意外發現昊澤不是只重視外表的那種膚淺男生而開心嗎？

但是……話說回來，昊澤重不重視女生的外表，和我又有什麼關係啊？

「眞是……」昊澤話說到一半，電腦很巧地發出了「咚咚咚」的聲音，接著昊澤哈哈地笑了出來。

「怎麼了？」我歪著頭。

「禹琪來跟我要她家小蛙了。」

「喔?」我湊近了電腦。

「妳看!」昊澤用滑鼠將對話內容反白,「禹琪問我到底把她家小蛙帶到哪裡去,她已經準備刊登尋人啓事了。」

「你快告訴她我們被雨困住了啦!雨停了我立刻回去。」邊說,我邊往陽台看去,雨仍不客氣地下得凶猛。

「嗯。」昊澤答答答地一下子就打出了我想講的話。

「今天的雨一陣一陣的,大得跟什麼一樣,等會兒回來的路上要注意安全喔!」禹琪的訊息後面,還加了個大大的笑臉。

「沒問題,雨停了我就載小蛙回宿舍。」昊澤也在視窗中回了個微笑。

「那就先這樣囉!本姑娘要去跟男朋友聊天了。」

昊澤快速地打了個「再見」之後,便關掉了所有的對話視窗,接著還把狀態改成「離開」。

「才失蹤幾個小時禹琪就來要人了,眞可愛。」昊澤打開了剛剛的word視窗。

「是啊!因爲我們情比石堅哪!」不知怎麼的,一講到禹琪我就有種莫名的得意。

「這樣很好啊!挺讓人羨慕的。」

「嗯,其實我一直覺得很幸運,高中時有呆寶和育鎂這兩個好朋友,到了大學,又遇到禹琪這個好室友兼好姊妹,怎麼想都讓人覺得幸福。」話一說完,我看見昊澤瞇起了眼看著我,「當然啦!我也覺得很幸運,能遇到你這好心腸的會計小幫手。」

「那還差不多。」

「你的大恩大德，小蛙豈敢忘記？」我嘿嘿地笑著，右下角又冒出了MSN的視窗，是禹琪傳來的笑臉。「對了，你跟禹琪常常在網路上聊天啊？」

「嗯，一開始是聊筆電，後來遇上了，就會聊聊班上同學或她男朋友的事。」

「原來如此，怪不得最近老看見禹琪在電腦前邊傳訊邊笑，惠欣都笑她是中邪了。」

「是喔！」

「對啊！不吵你了，你還是先忙吧！加油囉！」

我拿了遙控器，坐在一張軟軟的和室椅上，觀賞電視上最近很夯的綜藝節目。廣告時，我偶爾轉了頻道，或者偶爾看看昊澤專心打文件的背影。

「哈啾！」我揉揉鼻子，「哈啾！」又打了個噴嚏。

「會冷嗎？」昊澤停下了敲打著鍵盤的手，轉過頭來問我。

「有一點……」我沒有否認，而且這種沒來由的冷，也挺讓我覺得莫名其妙的。

「妳躲在被窩裡看電視好了。」

「不用啦！」我揮揮手，「在這就好。」

「在堅持什麼啊？」昊澤站起身，把陽台的落地窗關到剩個小縫，「被窩裡很溫暖喔！」

「可是……我沒有躺著看電視的習慣。」我撒了謊，其實我只是覺得今天已經很打擾昊澤了，要是還這樣大剌剌地躺在他床上，怎麼想都讓我覺得不好意思。

他嘆了一口氣，從床上拿了小毛毯，並且體貼地把毯子蓋在我身上，「那就蓋著吧！比較溫暖。」

「謝謝。」我弓起了雙腿，躲進溫暖的小毯子裡，「你去忙，不用管我。」

「嗯，沒有哪裡不舒服吧？」昊澤在我面前蹲下了身子，認真看著我。

我搖搖頭，「沒有。」

「真的嗎？」

「真的。」

「不舒服的話要叫我喔！」

「會的。」我擠出笑，這是我第一次發現，原來疲倦會讓人連笑都覺得累。

這是哪裡啊？不是我親愛的家，也不是宿舍啊！那……這是哪裡？頭重重的，喉嚨好乾好痛。

我揉揉眼睛，把額頭上的濕毛巾拿了下來，想坐起身子，卻發現身體無力到只能這樣賴在這軟綿綿的床上。於是我又躺了下來，這才發現坐在床邊，背靠在牆上睡著的昊澤。

所以這是昊澤住的地方囉！我終於下了結論。

從市區回來後，雨一直下得很大，昊澤努力地打資料，我則恍神地看著電視，然後……然後……眼皮重重的，手腳冷冷的，身體累累的，記得剛剛昊澤還貼心地拿了一件毛毯給我，接下來，好像就沒有什麼印象了，所以說……因爲太溫暖，我就這樣睡著了？

不會吧！黃小蛙，就算睡眠對妳來說像食物一樣重要，但也不至於這麼好睡吧！

本來想叫醒昊澤，但轉了身，因爲看見昊澤睡沉了的臉，又突然覺得不忍心吵醒他。

於是，我靜靜地看著將頭靠在牆上休息的昊澤，看著他一伏一起的胸膛，看著他舒服閉上的雙眼，看著他儘管睡得沉，卻依然不減俊俏的側臉……

直到他微微動了身體，換了個姿勢繼續睡去，我才驚覺自己原本只是因爲好奇而看著昊澤睡著模樣的舉動，竟然看著看著，不小心就看得失了神。

我再轉了身，眼睛盯著昏暗的天花板，怎麼想也沒想到自己竟然會有這種活像個偷窺狂的舉動。我的臉也像因爲難爲情的關係，瞬間熱了起來。

「小蛙，醒了啊？」

「啊！」沒想太多，我立刻拉起了棉被，把整顆頭藏了進去。

「怎麼了？」

「沒事，我只是轉個身，還想繼續睡。」說完，我還故意打了個大大的呵欠。

「喔，」昊澤往床邊靠近，溫柔地把棉被拉下，「我先摸摸看還有沒有發燒。」

「啊……」糟糕，希望他不會發現我紅通通的臉。

「好像好多了。」他笑了笑，又伸手摸了我的臉蛋，「不過，奇怪了，妳的臉怎麼好像還紅通通的？」

「紅紅的？有嗎？」該死，我在心裡咒罵。

「對啊！應該已經退燒了才對。」他邊說，又再次摸了摸我的額頭。

「大概是被子太溫暖，所以蓋得臉都紅了啦！」我嘻嘻嘻地傻笑，希望他別再繼續追根究柢下去。

「不過幸好燒退了。」

「嗯。」我尷尬地笑了一下，很慶幸這個話題已經告一段落。

「妳也眞是的，不舒服了不會說一聲嗎？」昊澤拿起我放在一旁的濕毛巾，放進一旁的臉盆裡。

「只覺得身體冷冷的，然後好累好累，也沒特別覺得哪裡不舒服啊！」

「妳喔！還眞不是普通遲鈍，連發燒了也不知道。」昊澤搖搖頭，用一副沒好氣的表情看著我。

「我發燒了？」

「嗯，當時我就覺得妳好像不怎麼對勁，才會想到去摸妳的額頭，看看妳是不是不舒服。」昊澤盤起腿，面對我坐著。

「是喔……我也沒想到怎麼這樣就感冒了。」我咳了咳，「眞奇怪，我黃小蛙怎麼可能這麼脆弱。」

「一定是先淋了雨，然後又去那間百貨行吹了冷氣的關係。」

「大概是吧！不過現在眞的舒服多了。」

「那就好。」

「現在幾點了啊？」

昊澤拿起一旁的鬧鐘，「凌晨三點零六分。」

「三點？」我睜大了眼睛，一下子坐起身來，「三點？」

「對啊！」

「那……那宿舍……」

「放心，我已經請禹琪替妳掩護了。」

「喔。」我鬆了一口氣。

「所以，妳現在只要安心地繼續睡覺，好好休息就好。」

「可是，好像突然有精神了。」我苦笑，尷尬地看著昊澤。

「不行，一定要好好休息。」昊澤替我把被子拉到我的脖子，像哄小孩那樣。

「好像睡不著了耶！」

「還是不行，病人就要好好休息。」

「可是我眞的……」我誇張地嘆了一口氣，「睡不著。」

「不行就是不行。」

「拜託啦！我想研究一下買回來的東西。」

「明天再研究吧！這樣熬夜的話，可能又會不舒服了。」他揚起了眉，邊說邊把昏黃的燈光調亮了一些，然後站起身，把臉盆拿進了浴室。

「昊澤，拜託啦！」我坐起身，繼續哀求。

「明天還有會計課，妳想在課堂上打瞌睡嗎？老師可是很機車的，被記上一筆可能會被當掉喔！」昊澤從浴室走了出來，像剛剛一樣盤腿坐在床邊，很有威脅意味地看著我。

「好啦！」我對他扮了個鬼臉，接著突然瞥見放在床邊的一本籃球雜誌，「咦，你也看籃球雜誌啊？」

「剛剛幫妳換熱毛巾的時候無聊看的。」

我把雜誌拿了起來，「這個封面人物很厲害吧？」

「嗯，是目前NBA最受矚目的後衛。」

我點點頭，「你很喜歡籃球吧？」

「是啊。」

「是你最愛的運動嗎？」

他抬起頭，看著坐在床上的我，「不瞞妳說，籃球對我而言不只是運動而已，應該是到目前爲止，我所發現到生命中最熱愛的一件事吧！」

「生命中最熱愛的事情啊……」我重複了一遍昊澤的話。

「妳呢？妳最熱愛的是什麼？」

我苦笑了一下，然後搖搖頭，「沒有。」

「沒有？」

「很可悲吧！自從喜歡上學長之後，學長就是我最熱愛、最想追求的夢想，其他的一切，好像一點也不重要。」

「如果有一天，妳可以找到除了學長之外，自己最熱愛的事，妳就會發現這一切有多麼美好。」

「嗯……」我看著昊澤，很不習慣這種必須俯視他的角度，「可是我已經把學長當成夢想很久很久了。」

「慢慢來，我相信總會有這麼一天的。」

「但願囉！」我聳聳肩，「對了，可以問你一個問題嗎？」

「嗯？」

「我真的不懂，你既然這麼喜歡籃球，那爲什麼堅持不加入籃球隊呢？」

「參加校隊和喜歡籃球是兩碼子事吧！」

「也許喜歡籃球不一定要加入校隊，不過眞的很喜歡的話，參加校隊也會讓你認識很多和你一樣熱愛籃球的人，可以一起切磋、一起成長。」說了一連串的話，我又咳了好幾聲。

「總之，我熱愛籃球，但並不想加入球隊。」燈光昏昏暗暗的，然而我彷彿又看見了昊澤眼裡的一絲絲悲傷。

「爲什麼？」我皺起了眉，「我聽學長說過，高中時你也是你們高中的校隊代表啊！由此可見，你不是眞的討厭球隊吧。」

「我不加入球隊的原因，不是因爲喜歡或討厭。」

「昊澤……」

「反正我目前並沒有加入校隊的打算。」

「可是……」
「別說了，快休息吧！」
「昊澤……」我又咳了咳。
先把燈調暗，接著昊澤便躺在床邊的塑膠地板上，拿了一旁的毛毯蓋上，「說晚安之前，我想告訴妳……」
「嗯？」
「我想參加球隊的時候，就會參加了，」他沉沉地嘆了一口氣，「當然，也許會有這麼一天，也或者沒有。」
「嗯。」側躺在床上的我，看著將頭枕在手上，盯著天花板的他，突然之間，我竟不知道該說些什麼。
「總之，別再說服我加入校隊了，好嗎？」他翻了身，背對我。
一個簡單到不行的「好」字，竟像是魚刺般地哽在我的喉嚨裡，怎麼樣也說不出來。
「好嗎？」他又問了一次。
「我盡量。」那個「好」字我一樣說不出口，只好隨便說了個答案，然後也翻了身，背對他。

隔天早上，昊澤提早把我挖了起來，帶我去吃附近的一家早餐後，便先送我回宿舍，讓我更換衣服，以及整理今天課堂上會用到的課本。

在百無聊賴的會計課課堂上，我有幾度被瞌睡蟲纏上而打起瞌睡來，但一切都很幸好，就像是老天爺同情我昨晚不舒服的關係，會計老師不但沒有點到我，也完全沒有發現台下睡得差點流口水的瞌睡蛙。

在第三節下課之前，我收到了學長傳來的簡訊，簡訊上說空氣槍社的幹部已經開完會，詳細的時間也已經確定，並且要我如果有空的話，撥個電話給他或者下課直接到社辦去也可以。

於是，當會計老師交代完作業宣布下課，我請昊澤幫我跟禹琪說一聲後，便抓了包包往社辦跑去。

由教室衝到社辦的路上，一想到確定了社團時間後，我的空氣槍社新體驗也即將展開，從此和學長的接觸也會因此更頻繁，心情就莫名地興奮起來。

「有人嗎？」我大口大口地喘著氣，敲著社辦的門。

「請進。」

「喔。」我推開門，看見在社辦裡的，除了社長和瓊玲學姊之外，還有盯著筆電看空氣槍型號的哈威學長，以及站在瓊玲學姊身邊的一位短髮女孩。

「哈囉！」瓊玲學姊首先打了招呼。

「大家好。」我禮貌地點了點頭，

「學長……不在啊？」

「力緯他先去系辦交一份報告，等會兒就回來了。」社長笑著說。

「原來如此。」

「對了，妳們是第一次見面吧？」

「嗯？」

「這是奕婷，力緯的直屬學妹，」瓊玲學姊指了指那位短髮女孩，再指了指我，「這是小蛙，和力緯同一所高中畢業的學妹。」

「妳好。」我和短髮女孩異口同聲地問了好。

「妳也是來看社團時間的嗎？」我看著她，發現她是個長相很清秀，而且皮膚白皙得像是吹彈可破的女生。

也許是皮膚白皙，笑容又甜美的關係，看著她，我突然想到那句「出淤泥而不染」。不過說眞的，我不知道這到底和她的長相有什麼關聯，也不知道爲什麼這句話會這樣莫名其妙地從我腦海裡冒了出來。

大概是因爲氣質，然後好像還亂有個性的吧！我想。

「小蛙？」

「小蛙！」瓊玲學姊拍了拍我的肩，「妳在發什麼呆？」

「沒有啊！」我不好意思地抓抓頭，只好再問了一次剛剛的問題，好化解自己的尷尬，「妳也是特地來看社團時間的嗎？」

「喔！」奕婷笑了笑，「其實我一早就跟力緯學長窩在社辦了。」

「這樣啊！」我呵呵地笑著。我的神經大條歸大條，卻還是聽進了「跟力緯學長窩在社辦」這幾個關鍵字。

「那時間排定了嗎？」爲了不讓自己想太多，我連忙轉移了話題，先看了瓊玲學姊一眼，再看了看坐在椅子上的社長。

「這學期社員的課表非常分散，顧了此可能就失了彼。」社長說。

「這樣啊……所以呢？一定能找出大家最可以配合的時間吧？」我看著苦笑了一下的社長，心裡突然有種奇怪的預感。

「其實社員的時間還稍微能夠協調一下，只是要配合老師的上課時間，恐怕就有點麻煩了。」

「所以……」心裡那種奇怪的預感，好像悄悄地轉化成一種詭異的感覺。

「先坐著聊吧！」瓊玲學姊拉了一張椅子給我，自己也坐了下來，接著從社長的位置上拿了一張表格，「這是整理出來的時間表，寫在每個格子上面的名字就代表那個時段誰有課，黃色螢光筆塗上的格子，基本上就是大家都沒衝堂的時間。」

「嗯。」我點點頭。

「妳仔細看看，」社長指著表格上寫的小小字體，「上面寫上T的，就是代表老師可以來上課的時段。」

「好。」我看著表格上密密麻麻的小字，很快地也找到了代表我的「蛙」字。

大致瀏覽了格子裡的名字，我的「蛙」字，被單獨塡在好幾個塗上了螢光黃色的格子裡，心裡那種原本就很詭異的預感，急速地被不祥的感覺取代。

我的課大部分都正好在其他社員的空堂，有幾堂還是老師有空來上課的時段，這種血淋淋的事實已經擺在眼前，我想忽略都不行。

「小蛙是一年級，所以有很多課都是必修吧！」

我點點頭，「所以……我可能無法參加空氣槍社囉？」

「也不是不行，只是這學期排了很多空氣槍專業知識的課程……」瓊玲學姊一臉的抱歉，「我覺得是不是了解空氣槍的基本構造與概念，對一個空氣槍社的社員來說，是相當重要的。」

「……」

「這學期我們社團又排了很多關於空氣槍專業知識的課。」

「嗯。」

「小蛙，這是大家最適合的時間了。」社長臉上的抱歉，也一點都不輸給瓊玲學姊。

「我懂，但我眞的很想加入空氣槍社。」我當然聽得懂瓊玲學姊和社長的意思，但我還是想表達自己的想法。

「不然這樣好了，妳還是可以把空氣槍社當成自己的社團，有時間都可以過來啊！」

「嗯……」我吸吸鼻子，盡可能地表現我的若無其事，其實我的情緒早因爲這樣的結果而無法平靜下來。

其實以我平常的個性根本不可能就這樣妥協，心裡也深深地認爲應該再說些什麼來說服社長和瓊玲學姊，但卻不知怎麼搞的，一看見桌上那張討厭的時間表，我想說的話就又硬生生吞進了喉嚨，滿腦子想的全都是「完了，不能跟學長同個社團了」的念頭。

「小蛙，不好意思。」社長站了起來，一樣是那種充滿歉意的苦笑。

「眞的沒有其他辦法了嗎？」

「基本上沒有。不過，只是上課時間無法配合而已嘛，如果妳眞的喜歡我們社團的話，妳還是可以常來啊！而且如果有其他活動，妳也可以過來參加。」

「喔！」我深深地吸了一口氣，「只有我一個人無法配合嗎？」

「還有另外一個同學也一樣，不過他另外參加了其他社團，所以暫時就不考慮空氣槍社的活動了。」

「嗯。」爲了緩和我愈來愈快的呼吸，我再吸了一大口氣。

「小蛙，別沮喪啦！」也許察覺了我的不對勁，瓊玲學姊拍了拍我的肩膀。

「我只是……很想加入空氣槍社罷了。」我聳聳肩，苦笑著。

也許我應該要厚臉皮一點，就算社團時間不能來，但是爲了學長打死也要參加空氣槍社才對。我的心裡也很清楚，學姊說的話一點也沒錯，一個空氣槍社的社員，其實多少還是要了解空氣槍的。

連課都沒辦法上，還能算是社員嗎？像我這樣對空氣槍完全不了解，當學長他們討論著空氣槍時，沒上課的我能聽得懂嗎？

所以，腦海裡閃過學姊的話，再閃過這些念頭的，怎麼樣也無法把堅持參加空氣槍社的話說出口。

「不好意思了。」

「那我先走了。」我站起身，腦袋空空的。

「不等力緯回來嗎？」學姊問我。

「不用了，」我苦笑了一下，「我再找學長就好，再見。」說完，我踩著無力的步伐往門口走去。

「喂！」

「嗯？」才剛轉身走到門口，那個叫奕婷的女生就叫住了我。

「妳很失望嗎？」

「對啊。」

「妳的失望是來自於喜歡空氣槍，但無法加入這個社團嗎？」

「當然是因爲無法加入空氣槍社。」

她輕輕笑了一下，「看來妳沒聽清楚我的問題，我的意思是說，妳是因爲喜歡空氣槍社才這麼失望嗎？」

我思索了一下她的問題，「坦白說，不是。」

「我猜是因爲力緯學長吧？」從她白皙的臉上，我看不出任何表情。

「嗯。」此刻腦袋空白的我，一點也不想迂迴，所以乾脆地點了點頭承認。

「那我不認爲妳有什麼資格失望。」

我皺起了眉，盯著她耳朵上的兩只銀色耳環，「什麼意思？」

「空氣槍社是讓喜歡空氣槍的人加入的，既然妳不喜歡空氣槍，那麼可以說是連入社的資格都沒有。」

「我現在不喜歡，說不定以後會培養出興趣啊。」她耳朵上的銀色耳環好像突然變得異常刺眼。

「是嗎？」

「那妳呢？」我反問。

「不瞞妳說，我會加入空氣槍社也是因爲學長的關係。」

「妳也喜歡學長嗎？」

「這很重要嗎？」她揚起了她細長的眉。

「……」

「不管是不是喜歡力緯學長，我覺得最重要的，是我眞心喜歡空氣槍，而且我從高中的時候就開始玩了。」

「所以？」

「所以比起妳純粹因爲喜歡學長，勉強自己參加一個根本沒興趣的社團，強迫自己去喜歡根本不喜歡的東西，我的情況好像好多了。」

我再次無言，還想起上次跟學長聊過的，關於社長和他女朋友有相同興趣跟話題的話。

「也許不中聽，但我覺得不是眞心喜歡，甚至可以稱爲盲目加入空氣槍社的行爲，聽起來好像很令人感動，可是這種沒大腦的衝動，我想學長不會喜歡的。」

「妳不要亂說。」

她一副無所謂地聳聳肩，「當我亂說也好，我也不是故意用話激妳，我純粹只是想要讓妳知道，妳根本沒有失望的資格而已。」

「謝謝妳。」我抿抿嘴，拉開社辦的大門，大步地往外面走去。

「小蛙，排骨便當耶！」育鎂打開了便當盒上蓋，在我面前晃著。

「還有妳最愛的半糖蜂蜜奶茶喔！」呆寶也在一旁搖晃著飲料。

「你們先吃吧！我真的吃不下。」

「小蛙……難得的午餐約會耶！」育鎂皺了皺鼻子。

呆寶放下了手中的大杯飲料，誇張地嘆了一口氣，「妳不一起吃，這個便當好像就沒那麼美味了。」

「你們先吃啦！」我看了一眼和平常一樣豐盛得不得了的便當，排骨還是炸得香酥可口，魯蛋同樣這麼香，三種配菜一樣炒得很漂亮，但怎麼看就是無法提起我一點點的食慾。

「這樣悶悶不樂的，根本不是我們認識的小蛙啊！」育鎂誇張地將雙手放在我肩膀上，大力地搖晃著我，「黃小蛙，妳快恢復正常啦！」

「我也不想悶悶不樂啊！」我看著育鎂，然後嘟了嘟嘴。

「唉唷！別在意那個什麼直屬學妹的話啦！」育鎂不屑地揮揮手，「誰知道她安了什麼壞心眼。」

「對啊！也許她就是因爲喜歡學長，才會跟妳講這些有的沒的。」呆寶喝了一口飲料，一副很不屑的樣子。

「我根本不同意她說的話，再說，爲了自己喜歡的人去做不一樣的嘗試，這有什麼不好？小蛙這麼努力、這麼勇敢，爲了學長連這麼恐怖的空氣槍社都敢加入，我倒覺得這是很令人欽佩的情操耶！」育鎂說得慷慨激昂，一副俠女的氣勢。

「我現在腦子眞的好亂！」我抓抓頭。

「我想她一定也喜歡學長。」呆寶下了結論。

「不管她是不是喜歡學長……」我嘆了一口氣，「我覺得她說的好像也挺有道理的。」

「小蛙，要是太在意的話，妳就眞的中了敵軍的計了。」育鎂認眞地警告我。

「我也不想繼續想啊！但是她的話、她的表情始終在我的腦海裡繞著，我無法不在意，儘管我多麼希望自己別被她的話左右，但我心裡很清楚，其實她說的不無道理。」我嘆了一口氣，把自己的想法說給育鎂和呆寶聽。

奕婷所說的話，著實像根針刺進了我心裡，也許正如她所言，不喜歡空氣槍，甚至一點也不了解空氣槍的我，根本連失望的資格都沒有。儘管如此，我發現我的心裡就是沒辦法不失望、不難過。

我其實很想認眞思考奕婷的話，尤其是她所說的「學長不可能喜歡這種沒大腦的行爲」

的那些話，只不過到目前爲止，我的腦袋依然混亂得可以，根本無法好好沉澱下來，尤其在被拒絕擔任球隊經理之後，空氣槍社就成了我認定可以更靠近學長的最後途徑。結果就在半小時之前，這樣的期待竟然也莫名其妙地落了空，怎麼想，我的心情都無法當作什麼也沒發生般快樂起來。

「小蛙……」育鎂的眉頭皺了起來。

「別這樣愁眉苦臉的啦！」呆寶又嘆了一口氣。

「嗯，我只是需要好好想想。」

「需要想什麼啊？」

我聳聳肩，然後苦笑了一下，「我也不知道。」

也許，我只是想思考一下自己這種貿然加入空氣槍社的衝動，是不是眞像奕婷所說，是沒大腦的行爲？

「既然不知道要想什麼，就先吃飯吧！」呆寶貼心地拆開免洗筷的塑膠套，並把免洗筷遞給我，「給妳。」

「謝謝。」爲了不讓呆寶和育鎂擔心，我拿了筷子夾起一口青菜放進嘴裡。

「這就對了，根本就不需要在意那個人說的話啊！」育鎂終於也放心地吃下一口菜。

「對啊！我們都挺妳。」呆寶握了拳，往胸膛搥了搥。

「謝謝，也許我應該也要檢討一下吧！」我嘆了一口氣，「不過，現在只要一想到不能和學長同個社團，我就覺得好沮喪。」

「不能參加空氣槍社又不是世界末日，幹麼一副天快塌下來的樣子。」

「這是最後的機會了嘛！」我抿抿嘴。

「想太多！」呆寶哼了一聲，「妳是爲了學長什麼事都可以不怕的黃小蛙耶！怎麼這點小挫折就讓妳打退堂鼓了？」

「我沒有打退堂鼓，只是心情很複雜罷了。」

「別想太多，不然妳帶我去找那個女的，我替妳扳回一城。」

「校園暴力喔？」我沒好氣地說。看見育鎂認眞又講義氣的模樣，忍不住笑了出來。

「笑了吧！笑了吧！」育鎂開心地比了個「YA」，笑著說：「快吃。」

「嗯。」我夾起一塊排骨，咬了一小口。

「別因爲別人的三兩句話就放棄！」

來不及把嘴裡的食物呑下，我便急著開口，「不會放棄的，學長是我的夢想啊！」

是的，學長從高中開始，就一直是我的夢想，我怎麼可能因爲別人的幾句話就改變這樣的信仰？

如果說自己根本毫不在意奕婷的話，其實有點牽強。只是爲了不讓這兩個好朋友爲自己擔心，我選擇暫時把她的話從我腦子裡驅逐出境。

我又咬了一口排骨的同時，手機鈴聲響了起來。從包包拿出來後，我驚訝地看著手機上的來電顯示。

「誰啊？」呆寶大概是看出了我的驚訝。

「學長。」

「那還猶豫什麼，快接啊！」

「喔。」我按下通話鍵，「嗯，好，二十分鐘後。」很快地，在學長溫柔地說再見的聲音裡，我結束了通話。

「學長說什麼？」育鎂和呆寶湊過來好奇地問我。

「他說……等一下在教學大樓門口等我。」

「眞的啊？」

「嗯。」我把手機放回包包，發現自己好像沒有以往要見到學長時的開心，也許是因爲奕婷的話在我心裡發酵了的關係。

「那還不快吃！」

「可是……」

「別可是了，快吃就對了，」育鎂指指便當，「吃完就快去跟學長甜蜜約會吧！」

我苦笑了一下，再次拿起筷子，繼續吃著排骨便當。

「怎麼不等我回社辦？」買好可可後，學長便坐在我身旁，貼心地先把熱可可杯蓋上的小孔打開，微笑地遞給我。

「謝謝，眞不好意思，還讓學長特地跑去買。」接過熱可可，我慢慢地喝了一口。

剛到教學大樓門口和學長會合時，因爲我連打了兩個噴嚏，所以學長堅持要我等他去買杯熱可可。

而此刻將溫暖的熱可可捧在手上，並且聞著杯裡散發出來的香味，心情也像比先前要好許多。

是因爲學長的關係吧！剛才接到學長電話時，我的心情其實複雜到沒有以往要見到學長時的開心，但現在我的心情卻明顯地平靜了不少。

低著頭，我看著手中的熱可可。此刻，心裡好像有很多關於自己不能參加空氣槍社的委屈想跟學長說，可是抬起頭一看見學長溫柔的笑容，我又變得不知道該從何說起，尤其是想到奕婷所說的話時。

「是不是感冒了？」

「啊？」

「不然剛剛怎麼會連打了兩個噴嚏還流鼻水？」學長的笑容依然有滿滿的溫柔。

「的確是有一點感冒啦！」我苦笑了一下，沒想到原來我用面紙偷偷擦掉鼻水的舉動被學長發現了，「昨天淋了雨，之後又在百貨行吹了冷氣的關係。」

「百貨行？」

「嗯，去買襪子娃……啊！」爲了讓一切進行得自然，我假裝咳了好幾聲，好掩飾自己差點脫口而出的話。

「買襪子啊？」

「喔，對啊！」我尷尬地點了點頭，爲了打住這個話題，又故意咳了兩聲。

「那感冒不要緊吧？看妳咳得……」學長拍了拍我的背。

「不要緊、不要緊。」

「有沒有看醫生？」

「沒有，燒退了之後，感覺已經好多了。」

「眞的嗎？」學長揚起了眉，「我等會兒都沒課了，妳還有課嗎？」

「沒有了，今天光是會計課就夠讓我頭昏腦脹了，要是再多幾節課，我想我會昏倒。」

「哈！這麼誇張？」

「嗯，」我點點頭，「會計課應該是我目前的大學生活裡，令我最痛苦的排行第一名吧！」

「那既然都沒課了，我陪妳去看個醫生。」

「看醫生？」

「嗯，變嚴重的話，感冒就不容易好了。」

「不用啦！我已經好多了。」我盡可能忍著差點爆出來的咳嗽，畢竟在這個時機點上咳出來的話，會顯得很沒說服力。

「看個醫生，吃幾天藥，很快就痊癒了。」學長似乎也堅持。

「不用啦！我眞的好多了。」我搖搖頭，急忙揮揮手，還差點把熱可可灑了出來。

「小心！」學長俐落地幫我穩住手中的熱可可，溫暖的大手就這樣覆蓋在我手上，「差一點就灑出來了。」

學長手裡傳來的溫暖，似乎透過我的手，迅速地傳到心裡頭。原本我想從學長的大手中抽出手來，卻也在腦子突然一片空白的情況下，不知該說什麼話或做什麼反應。

「不看醫生是因爲怕打針嗎？」學長以一種很自然的方式放開了手。

「不是，我不怕打針的。」

「是嗎？」學長微微牽動著嘴角。

「眞的，從小就不怕。」不知哪裡來的驕傲，說完，我便因爲自己把不怕打針這種事當成特異功能的沾沾自喜而感到可笑，「不過學長幹麼認爲我怕打針啊！」

「也許是個性吧！很天眞、很直率，看起來就像會怕打針的小孩。」

「小孩？」我睜大眼睛，心裡覺得亂不可思議的。

一直以來，我自認從小就是個獨立的人，也許因爲媽媽不在身邊的關係，即使爸爸給我的愛與關心從沒少過，我仍覺得自己要比其他同年齡的孩子懂事一點，才不會讓爸爸心煩，不會讓爸爸因爲我的事擔心。

所以學長說我像個孩子，其實還挺讓我驚訝的。

「是我猜錯了嗎？」學長不好意思地笑了笑。

我嘻嘻地傻笑，「至少我不怕打針這點，學長猜錯了。」

「呵！」學長點點頭，原先不好意思的笑變成更開朗了，「看來我還是不夠了解妳呢！」

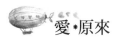

「啊？」

「至少，比王昊澤更不了解妳吧！」

「昊澤？」我看著學長，沒料到學長會突然提起昊澤。

「看妳跟他好像挺熟的。」

「嗯……」想了想，我點點頭，「昊澤人很好，而且對我來說，我是眞心地把他算在好朋友的排行中喔！」

「還有排行啊？」學長臉上揚起的，不只有眉毛，還有嘴角。

「嗯，能擠上排行榜的都不是簡單的人物喔！從小到大還沒幾個呢！」我迅速地在腦子裡想了一遍，發現近期的排行裡除了呆寶、育鎂以及禹琪之外，好像就是昊澤了。

「我想也是。」學長也點了點頭，一副「我了解」的模樣。

「而且，偷偷跟你說……」

「嗯？」學長的嘴角再度微微揚起。

「其實我自己有時候還滿依賴昊澤的。」

「怎麼說？」

我嘆了一口氣，「我想就像是快要溺水的人突然抓住了浮木般的心情吧！我應該說過啊！我的會計課都是昊澤在罩的。」

「眞微妙的關係。」

「會嗎？」我歪著頭。

學長沒有說什麼，只輕輕地「嗯」了一聲之後，看著前方。而我其實無從得知，學長究竟是認眞地在思考我們的話題，還是純粹看著前方的什麼東西而已。

「學長！你在發呆嗎？」

「哈！不是，只是想一點事情。」

「什麼事？」

「想說我們聊了這麼多，卻離一開始的話題愈來愈遠了。」

「呃……」坦白說，我不知道學長指的「剛開始的話題」是什麼。

「就是到底要不要說服妳去看醫生。」

「呵，眞的不用了啦。」我恍然大悟。

「那妳答應我，眞的不舒服的話，千萬不要客氣，隨時打電話給我。」

「嗯。」我點點頭，聞著濃濃的可可香，心裡似乎也泛起了濃濃的甜蜜。

不能參加空氣槍社的難過，以及奕婷的話所帶來的不開心，雖然都還隱隱地藏在心裡，但此刻我一點也不願意去想起。

現在的我，只想好好地停留在這濃濃的甜蜜裡。

「喝完了。」我的嘴角不自覺彎著甜甜的弧度。

「要回宿舍了嗎？」

「喔……好啊。」雖然我眞的很想什麼都不想、什麼也不管，就這樣和學長暫停在這種甜蜜的氣氛裡，但學長已經開口問我要不要回宿舍了，再怎麼厚臉皮不想結束，我也只好點頭答應了。

學長站起身笑了笑，接過我手中的紙杯，走到五、六公尺遠的分類桶丟掉後，再走回我面前，「那走吧！」

「嗯。」我跟著學長的步伐，並肩地走在他身邊。

這不是第一次讓學長這樣陪著走回宿舍，但我現在的心情還是像當時學長陪我走回宿舍時一樣地開心與興奮，偶爾有幾位同學迎面而來的這條行人走道，好像也變成了櫻花樹下浪漫的迷人步道。

我承認自己也許眞的想太多了一點，但是當我和學長兩個人都沒說話，只是默默地往前走時，我發現自己的心臟依然像那天一樣的跳得好快。

呵！學長眞不愧是學長，對我而言就是有這麼迷人的魔力。

「我突然想到剛剛聊到你好朋友的排行。」

「嗯……」我點點頭。

「很好奇，我還離上榜多遠。」

學長的問題，我來不及反應，愣了幾秒後，才哈哈地笑了出來，然後煞有其事地點了點頭，「學長的確不在排行榜上。」

「我想也是。」學長的臉上滿是尷尬。

「學長知道爲什麼嗎？」

他聳聳肩。

「因爲從很久以前開始，學長就一直在金字塔的頂端，是天下無敵的。」我握拳，做出了像要往前衝的手勢。

「眞的天下無敵嗎？」學長的語調上揚，好像有開玩笑的意味在，還體貼地放慢了腳步，好讓我能跟上。

「是啊！當然是天下無敵的地位囉。」

「那我問妳。」

「嗯？」我歪著頭，揚起了大大的仰角。也許是身高差不多的關係，感覺上，看學長時的仰角，和我跟昊澤說話時的仰角差不多。

但我很清楚，昊澤是昊澤，學長是學長。

「那妳喜歡我什麼？」學長沒有看我，只是看著前方。

「什麼？」我挖挖耳朵，其實我不是沒聽清楚學長的話，而是對於這個料想不到的問題隨便做了個假動作。

「妳喜歡我什麼？」學長把剛剛的問題再說了一次。

「我喔……我喜歡學長帥帥地打籃球的樣子，喜歡學長笑得超級陽光的樣子，喜歡學長說話溫柔的樣子，也喜歡學長的個性……」說著，我忍不住噗嗤笑了出來。

「怎麼了？」

「沒有，我突然發覺自己好像花痴喔！」我嘻嘻地傻笑，「希望學長不會介意。」

「不會。」他抿抿嘴，然後認眞地搖頭。

「不過，爲什麼學長會突然問這個問題？」

「呵！坦白說，從以前到現在，我收過很多情書，也聽過很多的告白。偶爾有機會，當我問起她們爲什麼喜歡我，或是喜歡我什麼的時候，除了『你很高很帥』或是『籃球打得好』的說法之外，我好像從沒得到過其他的答案，所以妳的回答對我來說很有趣。」

「不過她們說的也沒錯，學長本來就是又高又帥又會打籃球啊！說不定她們只是不好意思當著你的面，把這麼多優點說出來而已。」

「不管怎麼樣，我很高興妳的回答不像其他人那麼膚淺。」

我調皮地皺了皺鼻子，「不是膚淺的問題啦！是我比她們花痴一點點。」

「別這樣說自己，」學長笑著，「至少我不認爲是這樣。」

「幸好……」我拍拍胸，「如果學長眞的把我當成花痴，我眞的會哭喔！」

「這麼嚴重啊？」

「當然，因爲學長是我的……」

當幾乎要將「夢想」兩個字說出口時，奕婷的話，以及她說話的樣子又煞風景地出現在我的腦海。

「是妳的什麼？」

我嘆了一口氣，考慮著該不該把「夢想」兩個字說出口，但當我一看見學長認眞地等我回答的臉，才發覺此刻自己根本無法像以前那樣坦然地把這兩個字說出來。

儘管一直說服自己別在意奕婷的話，但其實我根本就舉了白旗，讓奕婷的話發了酵。

「學長是我從高中開始就很喜歡的人啊。」我說了個無關痛癢的說法。

「那喜歡我的程度，是不是到了就算發生不開心的事，在我面前都還是會盡可能忍耐的呢？」學長停下了腳步，用一種我無法判讀出來是什麼情緒的眼神看著我。

我跟著停下腳步，然後停頓了幾秒，「應該……是吧！」

「所以不管難過或失望，和我相處時還是會盡量把不開心隱藏起來嗎？」學長似乎嚴肅了起來。

「……」

「這樣應該很累吧？知不知道我爲什麼約妳出來？」

我搖搖頭。

學長再度邁開了步伐，才開口說話，「因爲我擔心妳心情不好。」

「學長……」跟上學長的腳步後，我拉了拉他的衣角，「我不是刻意在你面前隱藏，我只是……」

「嗯？」

「我只是不想讓自己的壞情緒破壞了和學長相處的每一刻，對我來說……」我不著痕跡地吸了吸鼻子，「和學長的每一次相處都是很重要、很難得的，我不想輕易破壞，請學長不要誤會。」邁開步伐前，我盡量地擠出笑容。

「我了解了，我還以爲是我太差勁，連妳都不願意和我分享心事呢！」學長笑著，開玩笑的樣子著實讓我鬆了好大一口氣。

我假裝打了個呵欠，希望盈在眼眶裡的淚看起來是因爲呵欠的關係，「不是這樣的。」

「那就好，那妳不要再爲了不能參加空氣槍社而不開心喔！」

我點點頭，雖然乾脆地答應了學長，但我知道這不是輕易就能辦到的。

「其實在沒有興趣的情況下，要勉強自己玩空氣槍，眞的太辛苦了，」學長又笑了，仍然溫暖陽光的笑，「對了，妳玩過那種讓玩家身歷其境，第一人稱的射擊遊戲嗎？」

「什麼？」

「像ＣＳ，有沒有聽過？」

「有！不過我沒有玩過，但是呆寶……」看學長有點疑惑的臉，「呆寶是我高中時的死黨，現在也讀我們學校，他有在玩。」

「那妳想不想玩玩看？改天邀請妳到我住的地方來。」

「可以嗎？」我瞪大了眼睛，聽到可以去學長住的地方，我整個都興奮起來了。

「嗯，等妳上手之後，我們就一個人用電腦、一個人用筆電對戰！」

「好像很有趣耶！」到了宿舍大門，我停下了腳步。

「那就好好期待吧。」學長低下頭，帶著笑意看著我。

「好！」

「記得讓期待把妳的難過全部取代掉，」學長拍拍我的頭，「還有，以後如果心情不好，可以跟我說，別怕會破壞什麼相處的感覺。」

「謝謝學長。」

「進去吧！」

「學長再見！」

回到宿舍後，心裡的期待以及和學長相處的甜蜜感好像眞的暫時取代了難過，而且滿腦子裝的除了學長還是學長。

我坐在書桌前，拿出封面有一隻青蛙的小札記本，認眞地寫下今天的日期，並且畫上一個流淚的小蛙和一個圍繞在一堆愛心裡的笑咪咪小蛙後，一一地記下今天既難過又開心的複雜心情。

直到寫完想記下的心情，我才瞥見禹琪貼在書架上的一張粉紅色便條紙，上面留言寫著她邀昊澤陪她去選購一個方便攜帶的電腦包，所以應該不會回來和我一起吃晚餐。

闔上札記本，我把它妥善地放回抽屜，在幾個大呵欠的提醒下，我才遲鈍地發覺儘管自心裡被甜甜的感覺沖昏了頭，但整個身體好像還是因爲昨晚的小感冒以及睡眠不太足夠的關係，而感到疲倦與無力。

於是我在桌上趴下，儘管身體再怎麼疲倦，我的思緒還是不肯休息，始終想著和學長相處的點點滴滴。學長說的話、學長的表情……只要還記在腦子裡的，我都認眞地回顧了一遍。

當我剛閉上眼睛，甜甜地想著學長時，傳來了「叩叩」的敲門聲。

「誰？」我揉揉眼睛。

「小蛙，我啦！」是育鎂的聲音。

「喔！等一下喔！」我起身幫育鎂開了門，「妳怎麼會來啊？」

「來關心黃小蛙和學長的最新進度啊！」育鎂伸出了兩隻大拇指動呀動的，表情很曖昧，樣子很欠揍，「比起吃午餐時無精打采的樣子，現在看起來生命值提升了不少喔！」

「心情確實好多了。」我笑了笑，一樣坐回書桌前，趴著，然後把剛剛和學長相處時說的話大致告訴了育鎂。

「哇！學長真是個不可多得的好男人耶！他真的問妳有沒有把他排在排行榜裡喔？」育鎂睜大了眼睛，興奮地說。

「嗯啊！還說什麼他應該沒有昊澤了解我。」

「小蛙啊！我好像應該要幫妳放個鞭炮，好好恭喜妳囉！」

「什麼意思？」

「看來學長還挺在意妳的耶！」

「學長哪些話透露了對我的在意啊？」我是真的納悶。

育鎂甩了甩她的頭髮，「妳看看，妳不過打個噴嚏，他就急著幫妳買熱可可耶！」

「換成是妳和呆寶也會這麼做啊！」我嘴裡反駁著，但其實學長的這個舉動的確讓我很開心。

「妳再想想，如果不在意妳，他幹麼要擔心妳會不會因爲不能入社而難過？」

「學長人本來就很好啊。」我還是欠揍地繼續反駁，但反駁的聲音愈來愈小了。

「他會擔心妳感冒不舒服，要妳不舒服就打電話給他，又怕妳有什麼難過不開心的感受，這不是人好不好的問題，這是他對妳黃小蛙的關心啊！」育鎂認眞地說，把她的想法一股腦兒地說了出來。

「是這樣嗎？」我坐直了身子，抓起育鎂的手興奮地問。

「而且他還邀請妳跟他一起玩CS耶！還要說什麼……什麼……」育鎂清了清喉嚨，「呃……讓期待取代妳的難過，天啊！根本是偶像劇的對話嘛！」

「育鎂！沒那麼誇張啦！」

「總之，相信我啦小蛙！也許學長對妳還不到妳對他的那種喜歡，但我覺得在這短短的時間內有這樣的成績，已經很棒了。」

「嗯……希望不是我自作多情就好。」看著比我還認眞的育鎂，我不由得笑了。

「不會啦！」育鎂也用微笑回應了我，「不過說也奇怪，小蛙妳最近還眞是幸福耶！」

「怎麼說？」

「桃花超旺的，失眠有人陪著聊天，心情不好也有人等著接妳電話，重點是兩個都是又高又帥的男生。」

「妳想到哪裡去了啦！」我不客氣地捏了育鎂的臉一把，「昊澤是我的好朋友，好朋友不能算是桃花吧！」

「確定只是好朋友？」育鎂瞇起眼眼。

看育鎂機車的樣子，我又伸出手再捏了她一把，「妳好欠揍喔！」

「呵！哪天妳最好就不要突然告訴我，說妳喜歡上昊澤了。」

「不想理妳了啦！」我雙手扠腰。

「開個玩笑嘛！對了，等會兒我和呆寶想去逛街，要不要去？」

「你們去好了，」我伸了個懶腰，「不知道是睡眠不足還是感冒的關係，總覺得整個身體好無力好累喔……」

「要不要緊啊？」育鎂擔心地摸了摸我的額頭。

「放心啦！等會兒睡個覺應該就好多了。」

「那我先走囉！」

「嗯，路上小心，幫我關門喔。」

育鎂離開後，我便躺在床上休息。好像沒多久的時間，我就已經沉沉睡去，還做了個甜蜜的美夢，夢見學長和我一起逛街、一起看電影、一起在電腦前玩CS，最後學長還牽著我的手告訴我他其實很關心我，對我也有感覺……

不過，當我因爲感動想告訴學長我也很喜歡他，希望能跟他交往的時候，突然喉嚨癢癢的害我咳了好久，殘酷地把我從甜蜜美麗的夢境裡揪了出來……

拖著疲憊的身子下床喝了一杯水之後，我又躺回床上，貪心地想繼續剛剛的夢境，但沒能與剛才的夢境銜接上不打緊，我的精神還和身體狀況唱了反調，突然異常地清醒。怎麼睡、怎麼躺都無法再睡著，就這樣持續了大約半個小時左右，我只好無奈地坐起身，坐到書桌前一邊啃著上次和禹琪一起去買的餅乾，一邊搜尋書架上有什麼還沒看過的書。

襪子娃娃……

我把襪子娃娃的書拿了下來，找到我夾在裡面的書籤，立刻就翻到了青蛙娃娃那一頁。反正材料也買好了，精神也清醒到不行，倒不如現在就動手來做吧！說不定還可以趕上耶誕節，當成送給學長的耶誕節禮物呢！

嘿嘿！可是……不對啊！在我的如意算盤打得美妙的此刻，才發現昨天買的戰利品，好像丟在昊澤的住處了……

糟糕。

看了看鬧鐘上的時刻，我趕緊打了電話給昊澤，想請他等會兒方便的話，把東西託禹琪帶回來。然而打了兩通，昊澤都沒有接聽，而且正當我想撥給禹琪時，禹琪已經開了寢室的門走了進來。

「禹琪，回來啦？」我失望地看著禹琪。

「這麼不想看見我喔？」禹琪笑咪咪地開著玩笑，手裡拿著大大的購物紙袋，看起來心情很好。

「不是啦！昨天買的材料忘在昊澤住的地方了，本來想託妳拿回來的。」

「不然請昊澤明天帶過來好了。」

「可是我突然……」

「突然想要現在研究，最好是還可以開始動手，對吧？」禹琪笑笑地抿抿嘴。

「眞了解我。」我嘿嘿嘿地笑。

「我當然了解妳這種想到了就一定要做的個性啊！」禹琪可愛地眨眨眼，「不然繼續聯絡昊澤好了。」

「可是他剛剛都沒接電話……一定在回家的路上了啦！」我瞄了一眼鬧鐘，「現在時間還早，我去找他。」

「確定要現在去嗎？」禹琪也瞄了一眼鬧鐘。

「嗯，我會快去快回的。」我站起了身，把手機和錢包丟進背包裡。

「要不要陪妳去？」

「不用啦！妳和阿娜答的熱線時間不是差不多要到了嗎？妳乖乖地留在宿舍，繼續幫我聯絡昊澤，告訴他半小時後我會出現在他住的地方，拜託。」

「可是妳認得路嗎？」

「呃……」我想了想，「應該可以。」

「那要小心喔！」

「放心放心。」抓了機車鑰匙，我急忙衝出了宿舍。

終於到了。

應該就是這裡了。

我停下機車，看了看四周的建築以及大樓的造型及顏色，確定這是昊澤的住處沒錯後，我才把機車熄了火，停在對面大樓前的機車停車格內。

我看了看手錶，因爲我的路痴以及飄了小雨不敢騎快的關係，離我預估到達的時間整整晚了約半小時左右。

對著後照鏡綁好被安全帽壓亂的馬尾後，我便從置物箱裡拿了包包，往昊澤的住處快步走去。

邊走，我邊拿出手機，打算打通電話跟昊澤說我已經到他家樓下，請他把東西拿下樓時，就看見螢幕上顯示了六通未接電話，按下查看，全都是禹琪打的。

於是，我按下了回撥。

「小蛙，」禹琪關小了音樂的音量，「妳在哪？」

「剛到。」因爲毛毛雨有變大的趨勢，所以我加快了腳步跑到昊澤住處的樓下。結果因爲沒有騎樓可以避雨，我又急急跑到住戶停放機車的車棚下躲雨。

「怎麼這麼慢？」話筒裡禹琪的聲音，有著小小的擔心。

「剛剛有點小迷路，然後又飄起小雨啊！怎麼了？」

「沒啦！從妳一離開，我就打了好幾通電話給昊澤，他還是沒有接電話耶。」

「啊？所以他現在還不知道我要來找他拿東西囉？」我抬頭看了看從黑色天空落下來，逐漸變大甚至愈來愈密集的雨滴，看來我的如意算盤還是打得太好了。

「對啊！」

「是喔……那沒關係，我再繼續打給他好了。」

「確定嗎？他今天該不會外宿嗎？」

「外宿？」我叫了出來，「不會這麼倒楣吧？我費盡千辛萬苦才找到這裡的耶！」

「我只是猜想嘛！」

「不會的、不會的。」我發現我根本不願意去想到這個可能性。

「嗯，一定不會的，可是小蛙，妳確定要在那裡等嗎？還是先回來算了？」

「禹琪！妳在開玩笑嗎？」我驚訝地叫了出來，「我千里迢迢還冒著風雨跑來這裡，怎麼可能無功而返？」

「我只是擔心妳等太久，如果又像昨天下起大雨，回不來不就糟了？」

我嘆了一口氣，「可是，這樣好像有點可惜，不然我再繼續打給昊澤好了。」

「嗯，如果還是聯絡不到，我看妳還是先回來吧！」

我看了手錶，再抬頭看一下車棚外的雨勢，「好吧！最多等半小時，真的等不到人我就回去。」雖然這麼一來根本就和演了一場鬧劇沒兩樣，但是一想到雨勢變大一切會更麻煩，所以儘管心裡不怎麼情願，也只好妥協。

「小蛙，妳要注意安全喔！」禹琪的語氣裡聽得出她很擔心，「要是雨眞的很大，妳就搭計程車回來好了。」

「我知道，謝謝妳禹琪。」

「那我先掛斷囉！聯絡到昊澤或者有什麼事，都可以打給我。」禹琪說話時，我還聽到話筒傳來MSN對話特有的震動音效。

「OK！快去跟阿娜答線上約會吧！」我笑了出來。

「拜！」

掛了電話，我繼續聯絡昊澤，邊撥電話，我邊在車棚裡尋找昊澤的機車。在這將近三、四十部機車裡，我並沒有發現昊澤的車，所以我猜想，昊澤送禹琪回宿舍後，一定去了別的地方，只要我在這裡等著，就一定會遇到他。

不過，雖然心裡這麼認定，我還是悄悄希望昊澤可千萬別外宿，不然我就眞的得無功而返，眞的在演一場鬧劇了……

我坐在其中一部重型機車上，看著陸續回來的房客，每次一聽見機車聲，我就超希望那會是昊澤。到目前爲止，結果都和我心裡的希望相反。

哈啾！揉揉鼻子，我看著一大，一遭又變小了些的雨，開始覺得身子有點冷的同時，也開始後悔自己爲什麼不聽禹琪的話，明天再請昊澤拿過來就好。而且，一想到就算現在昊澤立刻出現在我面前，我再以最快的時間火速奔回宿舍，時間好像也已經晚了。依我現在的疲倦程度，回到宿舍肯定立刻倒頭大睡，怎麼可能還有力氣去研究襪子娃娃？

黃小蛙！妳到底是在急什麼啊？妳幹麼非要現在衝到這裡來！

此刻的雨，像是聽見了我心裡的咒罵，想跟我呼應似的，很有義氣地瞬間飆大。不小的雨滴打在車棚的鐵皮上，似乎更凸顯我在冷風裡大雨中等待的淒涼……

打了個冷顫，我邊搓著手想藉此溫暖一點，一邊觀察一位穿著雨衣正在停車的男孩，可惜最後的結果還是失望。

王昊澤同學，你跑到哪裡去啦？到底要不要回來啊？

於是，我緊皺著足以夾死蚊子的眉頭，決定再拿出手機，繼續打，一直打到昊澤接電話為止。

「小蛙？小蛙！」

用手肘杵在機車儀表板上打瞌睡的我，看了叫我的人一眼，「昊澤，你終於回來啦？」

昊澤邊把他濕漉漉的雨衣掛在機車上，邊納悶地看著我，「妳怎麼會在這裡？」

「等你啊！」打了個呵欠，我跳下機車，「打了幾百通電話給你，你都沒有接。」

「所以妳就在這裡等？」昊澤皺起眉頭，然後握了握我冰冷的手，再體貼地把他的外套脫下，披在我肩上，「先穿上。」

因為一抬頭就看見他微微皺起的眉，所以我沒有討價還價，立刻乖乖穿上了他那件對我而言足足大了兩三個尺碼的外套，「謝謝。」

他把車子熄火，並且從置物箱裡拿出背包，看著我說：「等我先衝過去把門打開，妳再過來。」

「沒關……」還沒將「沒關係」三個字說完，昊澤已經跑了出去，在雨中俐落地把大門打開，微笑地朝著我揮手。

於是，我拔腿就往昊澤的方向跑去，「嚇死我了，差點滑倒。」

「小心點。」

我邊拍著身上和頭髮上的雨滴，邊問昊澤，「你剛剛去哪裡啊？我以爲你送禹琪回宿舍之後就會直接回來耶。」

「去找了志憲他們，先上樓吧！」

「嗯。」我點點頭，跟在昊澤後頭上樓，然後走進他的住處。

「什麼事這麼急著找我？」昊澤拿了桌上的杯子，從熱水瓶裡壓了熱水給我。

我接過杯子，在塑膠地板上坐下，「來找你拿襪子娃娃的材料。」

「就只爲了拿這些東西？」昊澤臉上的柔和突然轉爲嚴肅，那樣的表情讓我覺得自己好像做了什麼十惡不赦的壞事。

我點點頭，假裝忽略昊澤臉上的不高興，然後裝可愛地用極輕鬆的語氣說：「因爲我迫不及待想動手製作襪子娃娃了啊！」

「黃小蛙！這種天氣、這種時間，妳特地從宿舍衝到這裡來，就只爲了拿這些東西？」

昊澤的臉上沒有一絲笑容，眉頭一樣緊緊皺著，看來我裝可愛的攻勢並沒有奏效。

「……」

「就爲了這些東西嗎？」昊澤又問了一次，而且這一次他還提高了語調。

「的確只爲了要拿這些東西沒錯啦！我性子急啊！所以……哈啾！」

他輕嘆了一口氣，從桌上抽了一張面紙遞給我，然後也在塑膠地板上坐了下來，和我面對面，「黃小蛙，妳以爲這樣很好玩嗎？」

接過面紙，我擤了擤鼻子，看著表情愈來愈嚴肅的他，「什麼意思？我沒有覺得什麼好玩不好玩的啊！」

「妳昨天晚上已經因爲淋雨著涼感冒了，現在還爲了那包東西冒雨過來，妳不怕又不舒服了嗎？」

「我沒想那麼多……」我皺皺鼻子，坦白說，昊澤和以往大不相同的態度，多少讓我有點納悶。

「爲什麼妳不懂怎麼照顧好自己？」

我吐了一口氣，「誰說我不懂得怎樣照顧自己？我又不是小孩子！我騎過來的時候並沒有什麼雨啊！是剛剛在樓下等你，雨才下大的。」我不自覺嘟起了嘴想爲自己辯駁。

「雨什麼時候變大的不是重點，重點是現在的妳應該在宿舍好好休息，而不是連個外套都沒穿，跑來在樓下邊吹冷風邊打瞌睡。」

「那是因爲出門時走得太匆忙了啊！」低下了頭，我盡量忍住咳嗽。

「所以妳還是覺得這種衝動的行爲沒什麼不妥？」

瞄了昊澤嚴肅的眼神，我聳聳肩，「嗯……好吧！也許我太衝動了點，但我是眞的很想快點拿到材料，好好研究一下嘛。」

「如果連妳自己也不愛惜自己，那我也懶得再說什麼。」昊澤站了起來，坐在電腦桌前，一副不想再理睬我的模樣。

「沒那麼誇張吧？你幹麼氣成這樣？」我也跟著站起來，在他身邊不服氣地大聲反駁。其實我很討厭和別人起衝突，尤其是和被我認定成好朋友的人。

我根本一點也不想和昊澤這樣一來一往地爭執，只是從剛剛到現在，我覺得昊澤的反應似乎過度了一點。我眞的搞不懂，脾氣一向很好的昊澤，爲什麼會突然因爲這點小事生氣。

他輕哼了一聲，「是不是非得要病到躺在醫院，妳才會覺得我一點也不誇張？」

「我不知道你今天到底怎麼了，還是我哪裡惹你不高興，不過，有必要把我當成出氣筒嗎？」

「我不是把妳當成出氣筒，我只是就事論事。」

「騙人！」我用力地哼了一聲，「自己心情不好幹麼遷怒到我身上。」

「黃小蛙！我沒有心情不好，我只是擔心妳。」

「騙人騙人。」我摀著耳朵，再次因爲他憤怒而且不帶感情的「黃小蛙」三個字而生氣。

嘆了沉沉的一口氣，昊澤才站起來，抓住了我摀著耳朵的雙手，「我眞的是因爲擔心妳才不高興的，況且，那些材料我明天再幫妳帶過去就好了，不是嗎？」

「不是！對我來說，現在拿跟明天拿就是不一樣！」

「怎麼不一樣？」他瞇起了眼，認眞地問我。

「反正，這種因爲學長可以不顧一切的心情，你不會懂的。」我撇過臉，發現滿腔的怒火好像已經讓我失去了理智，幾乎讓我落入了口不擇言的地步。

他再次沉沉地嘆了一口氣，看起來情緒似乎也到了一個極限，而他似乎還是盡可能地維持著風度，「好吧！也許我不懂，但我問妳，如果連命都沒了，妳還能談什麼戀愛？」

「這根本是兩碼子事。」我想都沒想就脫口而出。

「也許吧！」他聳聳肩，「我只是想告訴妳，如果妳連愛自己這種最基本的要求都做不到的話，是根本沒有資格去談什麼愛情的。」

「……」我緊握顫抖著的拳，心裡有很多想說的話，嘴巴卻吐不出半個字。

「小蛙，我是眞的衷心地想告訴妳，試著多愛自己一點，就算有一天妳和學長談了戀愛，可是妳黃小蛙的世界裡，絕對不是只有學長而已的。」

我仰起那熟悉的仰角，看著昊澤認眞說話的樣子，不知怎麼地，突然想起了奕婷以及她所說的話。

而那以往熟悉的仰角，好像突然變得陌生了起來……

我吸吸發酸的鼻子，發現此刻自己依然說不出半句話，腦子甚至已經混亂到像一團糾結的泡麵。我抓了包包和襪子娃娃的材料，打算離開這討人厭又莫名其妙的狀況。

我轉了身，想走向門口遠離這一切，但昊澤也突然很快地抓住了我的手臂，「雨這麼大，妳要去哪裡？」

「不用你管！」

「妳確定……」

「我確定，反正在我黃小蛙的世界裡除了學長還是學長，我連命都不要了，你還管什麼？放開我！」我冷冷地，拚命地想撥開他的手。

「好，我管不著。」他也冷冷地回話，然後放開了我。

碰！

跑出昊澤房間，我把一肚子的怒氣全部發洩在門上。

衝出房間，當我踩了第一個下樓的階梯時，我再也忍不住，眼淚就這樣一顆一顆地落了下來。

顧不得可能跌個狗吃屎的危險，我在因爲盈滿了淚水而逐漸模糊的視線中，還是以最快的速度跑著，甚至在按下大門開鎖鍵的那一剎那，不管會因此淋成落湯雞，也不管感冒會不會變得嚴重，我仍毫不遲疑地往磅礡的大雨跑去。

我努力地跑、努力地跑，就算冷冰冰的雨水和滾滾發燙的淚水很不搭調地混合在一起，但我唯一的念頭就只是希望自己能盡快逃離這討厭的一切。

我帶著滿肚子各種混亂情緒而造成的委屈，在大雨中跑著。尤其想到昊澤那不帶感情並且嚴肅地叫我黃小蛙的表情，我的淚水就完全失控，不斷地往下掉。

你心情不好，幹麼要遷怒我？我哪裡惹到你了？說什麼因爲關心我才會罵我嘛！王昊澤你騙人……

何況，我又不是故意淋雨過來拿材料的，就說了雨是後來我在等你時才下大的，你幹麼要說什麼「連命都沒有了，還談什麼戀愛」的話？我是很喜歡學長沒錯，是眞的可以爲了學長什麼都不管沒錯，但是你憑什麼說我連愛自己的基本要求都做不到，你又憑什麼來論斷我連談戀愛的資格都沒有！

全心全意喜歡一個人，甚至讓對方佔據了自己全部的世界有什麼不好？認眞地爲自己喜歡的人付出又有什麼不好？至少我不花心，至少我認眞看待自己喜歡一個人的心情啊！

邊跑，我邊不服氣地在心裡罵著，情緒很亂、頭很暈，昊澤帶著憤怒的表情始終佔據在我腦海裡揮之不去。

另外再想到昊澤說我的世界裡不該只有學長，說我不該這麼衝動的樣子時，我就再次不自覺地，把奕婷說我盲目參加空氣槍社，其實是沒大腦的衝動行爲的話連結在一起。

爲什麼在這不到二十四小時的時間裡，好像所有的人、所有的事都和我唱了反調？早就報了名的空氣槍社突然被告知不能參加，還被素昧平生的奕婷說了教，現在只不過想拿一下襪子娃娃的材料，等了好久不打緊，連好朋友昊澤都對我開罵。黃小蛙啊黃小蛙！妳今天的運氣到底在糟什麼？

我用力擦著在臉上放肆的眼淚，雖然連我都分辨不出來自己擦掉的究竟是雨還是淚，但我還是像個瘋子般地，爲了想證明自己一點也不在乎而努力擦著。

在這麼一瞬間，我才發覺不單單只是因爲生氣與不服氣，才讓自己的淚水無法停止，而是在心裡的最深處，早已悄悄地被很多很多的傷心與難過填滿。

而且很明顯地，這些傷心與難過是來自於昊澤的話、昊澤的態度，以及昊澤生氣地吼我「黃小蛙」的關係。

黃小蛙……妳不要哭！妳不是一向很堅強的嗎？妳幹麼哭得像個笨蛋一樣……

邊擦眼淚，我邊生氣地吼了出來。在這個時候，我原本向前走著的身體竟突然莫名其妙地無法前進，還向後退了兩步。這時，我才發覺有一隻強而有力的手臂，從我的後方環住了我的腹部，頭上那把藍色的傘遮掉了打得我發疼的雨滴。

「小蛙……」

昊澤突如其來的舉動，讓我一時還反應不過來，於是沉默地低下了頭，盯著環住我的那隻線條結實的手臂。

「我知道妳眞的很生氣，我向妳道歉。」

「不需要。」在反應不過來的空白之後，我像是突然恢復了理智般，又想起剛剛和昊澤的衝突，想起了剛剛的不悅。

「小蛙，現在不是賭氣的時候。」

「是嗎？賭氣還有選時間的嗎？」我像個處於警戒狀態的刺蝟，用力地掙扎想撥開他的手，「放開！」

「跟我上樓。」

「不要。」我堅決地說。

「雨這麼大，等雨停了再回去。」

「放開！」我生氣地叫著，然後用力拍打他的手臂，「反正我本來就是個花痴，連命都不要了，你管那麼多幹麼！」

「小蛙！」爲了制服我的掙扎，他加重力道，把我環得更緊了，「我向妳道歉，妳要怎麼罵我都好，但是先跟我上樓。」

「不要！不要！你這凶巴巴的討厭鬼。」

「雨眞的太大了，妳一個人騎回去太危險了。」他起伏的胸膛貼著我的背，而我彷彿清楚地感覺到他身體裡跳得和我一樣激動快速的心跳頻率。

「放開我！」我用力抓起他的手，不管三七二十一地狠狠咬了他的右手一口。

我原以爲他會因爲疼而就此鬆開手，不敢再堅持，但他卻先放掉了他撐著的傘，把手貼在我的背上，然後再迅速地把被我咬傷的手放在我腰際，將我騰空抱了起來。

「你要幹麼？」我急著大叫，兩條腿胡亂地踢著。

「沒有幹麼，如果妳堅持回去，等雨停了，我會送妳。」

「放我下來！」

「不管妳怎麼掙扎，我都不會放妳下來。」他加重了力道，把我抱得更緊。

「昊澤！」我大叫。

「閉上眼睛，免得雨水直接打進眼裡。」從他的語氣裡，我倒是聽不出任何憤怒。

他嘆了一口氣，「這次就聽我的話好嗎？」

說完，他抱著我往大門的方向走去。

而我，也許因爲累了，也或許因爲感受到他的堅持，總之我什麼話都沒說，只是乖乖地把眼睛閉了起來，並且微微地將臉靠在他的懷裡。

這是懂事以來，第一次被人這樣抱著。

奇怪的是，我明明還因爲他剛剛的態度而生氣，但爲什麼此刻被他抱在懷裡，竟隱約地有一種安心的感覺？

「吹好了？」從浴室走出來的昊澤看著我。

「嗯，換你。」我把吹風機放在一旁，站了起來。昊澤借我穿的衣服過大，在我身上幾乎快成了露肩T恤。所以不怎麼自在的我，只好把浴巾披在肩上，走向陽台的落地窗前。

「等雨停了我就送妳回去。」他打開了吹風機，呼呼地吹著。

「謝謝。」說完，爲了避開他注視著我的眼神，我只好轉身看著窗外的傾盆大雨。

剛才昊澤在洗澡，而我在吹頭髮時，我偷偷想了很多種開場白，想在昊澤一走出浴室，就一股腦兒地把滿肚子的委屈與不滿說個清楚，只是當昊澤踏出浴室的那一剎那，我不小心迎上了他的目光時，架構好的情節好像徹底被打破，甚至不知道該怎麼開始，最後還陷入了不知道該說什麼的尷尬裡，只敢背對著昊澤，看著窗外的窘境。

每當我整理好要說的話，鼓起勇氣，想不管三七二十一地把心裡的話全部說出來時，轉身一看見昊澤，我就又想起剛剛在雨中被他抱在懷裡的情景，想起他的心跳，想起當時那種安心的感覺。

沒多久，吹風機呼呼的聲音停止，接著聽見他低沉的嗓音，「小蛙，我沒有把妳當出氣筒。」

「是嗎？」我沒有轉身，還是看著窗外，但其實落地窗上的玻璃，早已因爲水氣的關係而一片霧濛濛的，根本看不清外頭的景象。

「我只是覺得不差這幾個小時，明天一早就有課，我再拿過去給妳就好了，根本沒必要特地跑這一趟。」

「嗯……」我依然盯著外頭，迅速地回想剛剛和昊澤爭執的片段，又想起了自己聯絡不到昊澤，只好呆呆在樓下等他，眼看雨愈下愈大的窘境。

「有沒有比較不生氣？」昊澤放好吹風機，走到我身邊。

「沒有。」我直直望著前方，看都沒看站在我身旁的昊澤。

「那要怎樣才不生氣？」

「我也不知道。」我聳聳肩。

就這樣，在我的這句「我也不知道」之後，我們又陷入了詭異的沉默中，兩個人沒有再說半句話，只是站在一起，透過霧茫茫的玻璃看向窗外。

「小蛙……」

「昊澤……」

重新打破沉默，竟然是兩個人同時開口。

「怎麼了？」

「幹麼？」

呃……又是同時發言？在這種尷尬的時候，這麼有默契幹麼？

「妳先說。」他微側了身，做了個手勢。

我吸了一大口氣，「好吧！反正我也憋不住，那我先說。」

「嗯。」

「是我在樓下等你的時候，雨才愈下愈大的，其實我和禹琪都打了……」我一股腦兒地把事情大致說了一遍。

我抬頭看了他一眼，看他點了點頭，我才又繼續說：「其實我也是騎到樓下了，才知道原來禹琪也沒聯絡上你……」

「所以當時的妳也後悔囉？」

「看雨愈下愈大，身體愈來愈冷又沒穿外套，硬要說一點後悔的感覺都沒有其實是騙人的。」說完，我抿抿嘴，想起在樓下等昊澤時，那種明明已經想奔回宿舍，卻又不甘心無功而返的心情再次湧上來，「跟著你上樓，以爲你會像以前一樣好脾氣地陪我聊天安慰我，結果卻反而掃到颱風尾。」

「我絕對沒有遷怒妳的意思。」

「我不信。」我把目光從他臉上移到窗外，還哼了一聲。

「我向妳道歉，也許我眞的太激動了一點，但這都是因爲……」

「因爲什麼？」轉身，我看著他的側臉，很奇怪的，一講起這件事，我心裡的不悅好像又明顯清楚地湧出，「因爲你心情不好，所以我就倒楣要挨罵嗎？」

他沉沉地嘆了一口氣，「是因爲我擔心妳。」

「那你的擔心未免也太嚴厲了一點。」我再哼了一聲。

「小蛙！妳能不能冷靜一下，好好聽我解釋？」爲了和我面對面，昊澤把手放在我肩上，微微地施了點力道讓我靠著落地窗。

「如果我說不能呢？」抬起頭，這種近距離的仰角似乎有點吃力。

「好，是我太激動了，我以爲妳爲了那包材料冒雨過來，所以我才會這麼生氣，完全沒有把妳當出氣筒的意思。」

「是嗎？不過，就算我是冒雨過來的，你也不需要這麼生氣啊！我眞的不是小孩子，我可以照顧好自己。」我眞的很堅持我可以照顧好自己。

「也許這麼說妳會更不開心，可是眞是冒雨過來的話，這種行爲還能說是可以照顧好自己嗎？」他清了清喉嚨，「在這種天氣騎這麼遠的路，難保不會發生意外。」

「好吧！我承認自己的確很衝動，但你有必要氣成這個樣子嗎？」

「難道非得等到發生意外，丟了命才要來生氣？」

「昊澤，我不是這個意思，不管是這種過於嚴厲的關心，或是你聯想到的意外，我都覺得很誇張。」我冷冷地說，其實我懂昊澤的意思，但他眞的不需要這麼生氣啊。

他閉上眼睛吐了一口氣，我猜是想緩和情緒的關係，幾秒後才又睜開了眼，「妳不是一直想知道爲什麼不參加籃球隊嗎？」

我看著他的眼睛，不知怎麼地，總覺得此刻的他的目光裡，好像藏著龐大的哀傷，而且我好像嗅到了一點點不太對勁的氣味，「這兩個話題……有什麼關聯嗎？」

「讀高中的時候，我有一個女朋友，」他吐了一口氣，表情看起來像是正努力在整理自己的情緒，「有一次，籃球隊晉級到一場冠軍賽當天，她堅持要蹺課來幫我加油。」他把臉埋在他的一雙大手中。

「然後呢？」

「在下著大雨的路上，她發生了意外。」他的臉從他手中露了出來，表情很痛苦。

「昊澤……」我輕輕地把手扶在他的手臂上。

「所以，我才會說如果妳連命都沒有了，還能談什麼戀愛呢？」

「……」我嚥了一口口水。

在這一刻，我終於都懂了。

我終於懂了他剛才眼神裡的哀傷是什麼，我終於懂了爲什麼昊澤不管別人怎麼遊說，就是不想參加籃球校隊，我也終於懂了，爲什麼當他知道我只是爲了拿那包材料，衝動地衝來他住處時，他這麼激動憤怒的反應。

「所以，如果嚇到妳了，我誠心地向妳道歉，妳別再生氣了。」他伸出了手，放在我扶著他的手臂的手上。

「嗯，」看著他眼神的我，整顆心好像在一瞬間被好多複雜的情緒填滿，「那……」

「嗯？」

「你走出來了嗎？」猶豫了幾秒用詞後，我才問出了這個問題。

「她的離開，讓我曾經陷入了很黑暗的一段過去。現在，我好像漸漸能釋懷了。」

「那就好。」心裡那些複雜的情緒，好像出乎我意料地開始盈在眼眶裡，然而我還是盡可能帶著笑，「希望不久後，就可以看見你以籃球校隊的身分在球場上比賽。」

「再說吧！」他低頭看著我，「爲什麼眼眶都紅了啊？」

「不知道……」我皺了皺眉頭。

「小蛙？是不是還覺得委屈，還是覺得自己莫名其妙地被我凶，很不甘心？」

我用力搖搖頭，淚水不小心地一滴一滴滑了下來，「不是、不是……」

「不然呢？」

「對不起，」我擦著眼淚，努力擠出笑容，「我只是想起之前自己什麼都不知道，只是一味地想說服你參加校隊，還有剛剛硬要怪你把我當成出氣筒，嘴硬地不承認自己太衝動，硬是和你吵架……」

「笨蛋，其實剛剛的爭執沒有誰對誰錯，說清楚了就沒事了。」他伸出了手，溫柔地替我拭去無法停止的淚水。

「對不起……是我自己遭遇了一些討厭的事，是我自己忍不住把你和學長的直屬學妹的話聯想在一起，其實亂發脾氣的人是我……」

「又哭又笑的，眞是個笨蛋小蛙……」昊澤露出了一個淡淡的，讓我好安心的微笑。

「對不起……」我靠著落地窗，微微低下了頭，把因爲淚水而模糊的視線從他的臉移到他胸前T恤上的字母標誌。

「第一次看妳哭成這樣，眞的好讓我心疼，」他低著頭苦笑了一下，將手撐在我身後的落地窗上，然後深深地吸了一大口氣，「唉……眞糟糕……」

「嗯？糟糕？」我擦了擦臉頰上的淚，再次看向他的眼睛，這才發現此刻我們距離近得有點讓我不知所措。

「我糟糕地控制不了……」

「控制不了什麼？」

「想抱妳的衝動……」他的左手突然溫柔卻有力地摟住了我的腰，右手則撫在我頭髮上，輕輕地將我的臉靠在他懷裡。

淡淡的，被他抱著的我聞到了他身上和我一樣的沐浴乳香。

我心跳得好快，呼吸急促得不像話，我猜他大概也發現了我跳得超不規律的心跳。

雖然一樣靠近，但這樣的感覺和剛剛被他從雨中抱上樓時不同。腦子幾乎一片空白的我，突然有種錯覺，以爲時間會因此靜止在這樣的氣氛裡。

「小蛙……」低聲喊了我的名字後，昊澤微微地鬆開了原本緊緊抱住我的手，撫著我頭髮的手也輕輕滑到了我的後頸。

然後不等我反應，他的唇已經溫柔地落在我的唇上。

在瞬間的空白與呆滯之後，我像失去了理智般緊緊地環住他的腰，用生澀的吻回應了他。

心跳得更快、更快了……

那個預料之外的吻，幾乎打亂了我原本還算正常的生活作息。

儘管那天晚上，在我相當堅持，以及昊澤不想給我壓力的情況下，我們達成了共識，說好徹底忘記這個意外的吻，甚至永遠也不要提起這件事。

但是到目前爲止，偶爾一個人獨處或是閒下來時，我就會不小心想到那天晚上和昊澤的爭吵時整個不開心的經過。當然，最後還是會想到和昊澤講和後，他突如其來的擁抱，以及那個他落在我唇上的溫柔的吻……

每當我想起當時的情景，就會有一種奇妙的感覺立刻充斥我的全身，令我倏地臉紅，心跳也不遑多讓地快速跳著。

我不清楚這是不是小說裡或是電視上所謂的「悸動」？可是爲什麼這樣的感覺會出現在我和昊澤之間呢？

還是問題根本不在我和昊澤之間，而純粹只因爲這是我黃小蛙的初吻的緣故？

我抓抓頭，看著台上的通識老師闔上課本，宣布下課，我還是呆呆地坐在位置上，納悶地想著這奇怪的問題。

「小蛙！」禹琪走到我座位旁，爲了喚回我的思緒，纖細的手指在我眼前動呀動的。

「啊？」我回過神來，才發現昊澤也站在一旁。

「我和昊澤想去市區買個新滑鼠，順便去吃個飯，要不要一起去？」禹琪笑得很開心，不知怎麼的，總覺得她的笑裡，好像洋溢著一種淡淡的幸福。

「買滑鼠啊？」原本看著禹琪的我，因爲習慣與禮貌的關係也看了昊澤一眼，但當我目光移到他臉上，又馬上尷尬地把目光移回禹琪臉上。

「嗯啊！」禹琪點點頭，「想買個小巧可愛一點的無線滑鼠。」

「喔！」我點點頭，心裡那種面對昊澤的詭異感還是促使著自己假裝收拾桌上的書本，「那你們去好了。」

「不一起去嗎？」這次說話的是昊澤。

「你們去就好。」我笑了笑，敷衍地瞄了一眼昊澤，又假裝忙碌地把書本放進背包裡。

「要去吃好吃的東西喔！」昊澤笑笑的，還提高了音調，極盡以美食引誘之能事。

「不用啦！你們去好了。」

「爲什麼啊？」禹琪看著我，睜大了眼睛。

「沒啊！育鎂和呆寶下午應該會來找我，而且我也想利用這些空檔，繼續研究一下我的襪子娃娃啊！」我認眞地找了個藉口，連已經快完成的襪子娃娃都拿出來當擋箭牌。

「那好吧！我們走囉？」禹琪伸出大拇指指著教室後門。

「嗯。」我拉上背包的拉鍊，站起身，把背包背好。

「突然想吃什麼的話，打個電話，我們會帶回來給妳。」

「嗯，謝謝。」

「一起走出去吧！」昊澤拍拍我的肩，一樣帥氣的陽光笑容。

「你們先去吧！」爲了讓我的謊言更無懈可擊，我還故意露出帶著歉意的笑，指著講台前的班代，「我還要找班代問一下事情。」

「好，拜！」

「拜！」我揮揮手，看著昊澤和禹琪走出教室的背影後，我像個充滿了氣但卻不小心「咻」地一聲全洩了氣的汽球，空空的。

總之，心裡的感覺就是很奇怪，而且奇怪到一種很難形容的境界，雖然明明是我「規定」昊澤，約好我們兩個人都要裝作什麼事都沒發生過的。

我也搞不懂，爲什麼剛剛連多看昊澤一眼都覺得不自在？爲什麼明明沒事，卻需要這麼不坦率地想一堆理由拒絕？爲什麼看著他們一起離開的背影，我心裡會有一種無法確切形容出來的感受呢？

昊澤和禹琪離開後，我在教室待了好一會兒才離開，還繞到福利社買了幾包零食，也走到校內的書局挑了好久的文具，最後才慢慢地晃回宿舍。

其實宿舍裡還有零食，文具也根本不缺，但很奇怪，平常一下課就恨不得衝回宿舍的我，今天卻只想這樣晃呀晃的，好像能拖延回寢室的時間就盡量拖延般，在潛意識裡就是不想獨處。好像就是不想又因為一個人的關係，而想起和昊澤之間超出我想像的那個擁抱和那個吻。

坐在書桌前，當我啃完手中的巧克力棒，吃了半包洋芋片和半杯飲料後，我還特地打掃了整個寢室，能掃的掃了，能擦的也擦了，只為了不讓自己的腦袋有閒下來的一刻。

當我做好了所有能忙的事情後，為了打發時間，我從禹琪的書架上拿出幾本她珍藏的漫畫。然而當我用力地一次抽出一套漫畫，卻意外地從書與書的夾縫中掉出了一小疊照片。

照片的背景，是商學院的某間教室，那是約莫九月底時，班上舉辦的九月慶生會，也是我們班成為大學新鮮人以來的第一次聚會。

我慢慢看著手中的照片，思緒飄回了當時的歡樂，一想到大家為了慶生會而準備的搞笑的節目，在慶生會上嘻嘻哈哈地拉近原本還很陌生的距離，最後大家玩成一團的樣子，我的嘴角就不自覺地往上揚起。

我一張一張看著，看到倒數第五、六張照片時，照片中的兩個人吸引了我的注意。

那是昊澤和禹琪的合照。

照片中禹琪笑得很開心而且漂亮，昊澤也一如往常地笑得很陽光。

我看著，然後不自覺地，目光就這樣像迴紋針碰到磁鐵般，悄悄地停在照片中昊澤的笑容裡。

正當這個時候，我那熱鬧到不行的手機鈴聲，悅耳地從床上的包包中冒了出來。我把照片放在桌上，跑到床上接起了手機。

我看了一眼來電顯示然後接起，「禹琪！」

「小蛙！」禹琪的音量很大，我想是在吵雜環境中的關係，「我們在逛觀光夜市，要不要帶臭豆腐回去給妳？」

「臭豆腐？好啊！」一聽到臭豆腐三個字，肚子好像立刻餓了起來。

「飲料呢？」

「飲料不用，對了，剛剛想拿漫畫來看，看見了先前班上慶生會的照片，眞是的，我都不知道妳有那次慶生會的照片耶！」

「啊……」

「喂？」因爲禹琪突然沒有說話，我看了一眼手機螢幕，確定沒有斷訊之後，又再「喂」了一次。

「等一下，我到安靜一點的地方。」禹琪小聲地說，然後過了幾秒才又開口，「那……妳有看見什麼嗎？」

「有啊！我看見妳和昊澤的合照呢。」雖然有一段距離，但我還是瞄了書桌上的照片一眼。

「小蛙，妳先別動那些照片，幫我放好好嗎？」

「喔。」不知哪裡來的預感，總覺得電話裡，禹琪的語氣好像突然嚴肅了起來，而且有些擔心，是不是因爲自己沒經過禹琪同意，就擅自拿了漫畫、看了照片的行爲，而讓禹琪不開心了。

「幫我放抽屜。」

「不好意思，我不是故意……」

「幫我放抽屜就是了，我等會兒就回去了。」

「好，路……路上小心。」我的話還沒說完，禹琪已經掛了電話。

我放下手機，決定不管禹琪是不是介意這件事，等她回來一定要好好地道個歉。我走到書桌前想把照片收好時，放在最上頭的兩、三張照片突然被風吹了下來。我趕緊從桌子底下將照片撿起，不經意地瞥見那張合照的背面，禹琪用鉛筆寫上了的小小的兩個字。

「祕密？」撿了照片後，我站了起來。

我把照片整齊疊好，妥善地放在禹琪的抽屜裡，同時帶著滿腦子的疑問。因爲我實在想不透，爲什麼禹琪會在照片的後面寫上「祕密」兩個字。

難道她剛剛問我有沒有看到什麼，是要問我有沒有看見這兩個字嗎？

關上抽屜，但我的疑惑並沒有關上。

在禹琪回來之前，我把已經塞滿了棉花的襪子娃娃，以及那本教學書拿了出來，加上自己的創意，又另外剪了細細長長的粉紅色與白色相間的布條，套在青蛙娃娃的脖子上，當成很有耶誕氣氛的圍巾。

接著，我在青蛙娃娃的臉上，認眞地畫上微笑的表情，再拿出針線，照著描繪好的五官，小心翼翼地縫出它的眼睛、鼻子以及嘴巴。

我想盡量讓自己專心，讓自己專注地縫娃娃，然而，好像再怎麼叮嚀自己，就是會不由自主地因爲昊澤的事，以及剛剛意外發現合照背面的「祕密」兩個字而心不在焉。明明只是個簡單的縫紉工作，卻還是讓我的手指不小心被扎了好幾下。

禹琪笑盈盈地推開門，提著一包臭豆腐進門時，我正好縫到嘴巴的位置。

「小蛙，兩份大的臭豆腐。」禹琪把紅白相間的塑膠袋放在桌上，連包包都還沒放下，第一個動作就是拉開抽屜，拿出那疊照片。

「謝謝，等我縫好就吃。」我笑了笑，看了禹琪一眼。也許是因爲自己不小心看到那兩個字的關係，我又立刻心虛地低下了頭，假裝認眞地縫著青蛙娃娃的嘴角。

「不用客氣。」禹琪看了看照片後，便把它放回抽屜深處，接著才安心地放下包包，拉了椅子坐在我身旁，「快做好了耶！好可愛喔！」

「對啊！我也這麼覺得，妳看這圍巾很有耶誕氣氛吧？」我停下縫著線的手，得意地指著青蛙娃娃上頭的圍巾。

「眞浪漫。」禹琪微微牽動了嘴角，臉上閃過一個很短暫的微笑。不知怎麼的，我覺得禹琪這時候的笑，似乎不怎麼由衷，或者應該說是有點敷衍。

「希望學長會喜歡這個禮物。」我假裝沒注意到禹琪的異樣，繼續低頭縫著。

「會的。」

「對了，那妳跟阿娜答準備怎麼過耶誕節？」

禹琪聳聳肩，隨即嘟起了嘴，露出很無奈的表情，「其實我也不知道。」

「不知道？情侶間的三大節日之一耶！啊！」我叫了出來，因為太驚訝的關係，又被針扎了一下。

禹琪嘆了一口氣，「也許感覺淡了吧！」

「感覺淡了？為什麼？」我放下手中的襪子娃娃，睜大了眼睛看著禹琪。禹琪和她男朋友的感情是我們公認的甜蜜幸福，甚至讓人覺得不管發生什麼事，他們都會永遠甜蜜地在一起啊。也許是我想太多，但我真的覺得他們就是那種大學畢業了，接著就可能會走向紅毯的那種情侶。

「就是淡了。」這次泛在禹琪臉上的，則是苦苦的笑。

看著禹琪臉上的苦笑，我突然有一種感覺，好像不需要再問什麼，不需要從禹琪口中得到什麼答案，就可以很明確知道他們之間已經掉到了冰點的關係。

「是不是有什麼誤會？」我皺著眉頭問，心裡總有那麼一點覺得可惜。

「我也不知道，也許……是我的心變了吧！」

「心變了？」我不自覺地飆高了音調，「是變心的意思嗎？」

「難道妳對學長的心從高中開始就沒有改變過嗎？」禹琪皺起了眉，突然嚴肅起來。

「沒有。」我說完，嘻嘻地笑了笑。雖然在堅定地看著禹琪回答時，我又不小心想到和昊澤發生的那個意外，「禹琪，妳該不會眞的變心了吧？」我瞇起了眼，老實說，如果是變心的話，那就眞的更讓我震撼了。

「哈！騙妳的啦！這麼緊張幹麼？」不知道是不是我看錯了，可是禹琪的臉上好像閃過了一絲絲的尷尬，接著才又恢復平常的笑容，站起身拍拍我的肩。

「眞的嗎？」我看著似乎不想再繼續這個話題的禹琪，好奇心還是促使著我再次發問。

「當然。」

「妳眞的嚇到我了。」我拍拍胸，拿了青蛙娃娃繼續縫紉。

「小蛙妳是三歲小孩喔！這麼容易嚇到。」禹琪帶著笑，從書架上拿了上次借來的小說後，便走到床上，弓起腿開始閱讀。

接下來，我們陷入了幾分鐘的沉默。

在這樣的沉默中，好幾次我都想跟禹琪道歉，說我其實不小心看到了合照背後的兩個字，然而，當我鼓起勇氣想跟禹琪坦白時候，禹琪正巧也開了口。

「小蛙……」

「怎麼了？」我已經縫好了青蛙娃娃的嘴，並且換上粉紅色的線，打算在青蛙娃娃的左胸上縫上一顆小小的愛心。

「如果今天有一個條件很好、很棒，根本不輸給學長的人追妳，妳會怎麼樣？」

「不會怎麼樣啊，勸他快死了這條心。」

「這麼酷？」

「是啊！」

「如果那個人也是妳的朋友，而且妳不討厭呢？」

「一樣啊，勸他死了這條心。」

「那如果追妳的是昊澤呢？」

「唉唷！」我放下青蛙娃娃，抽了一張面紙，壓住又被扎了一下微微滲血的手指。

「小蛙妳小心一點，」禹琪輕嘆了一口氣，然後猶豫了一會兒，才又開口，「如果是他追妳，妳是不是就會稍微認眞考慮？」

「呃……」我吞了口水。

「是嗎？」

「唉呀！妳在開什麼玩笑啦！他已經知道我喜歡學長了啊！怎麼可能追我？」看著禹琪一副急著想知道答案的樣子，我好像也胡言亂語了起來。

「我只是假設，如果是昊澤追妳的話……」禹琪嚥了嚥口水，「妳會考慮嗎？」

「妳忘了我們的大評比喔？怎樣都是學長無敵啊！」我急著回答，並且爲了表示我的堅決而揮著手時，我發現回答問題的自己，好像在潛意識裡避重就輕，刻意忽略問題的核心。

但是眞奇怪，我幹麼要避重就輕？

「感情的事，有時候跟大評比未必成正相關。」禹琪抿了抿嘴。

「眞是的，怎麼突然問這種事……」我再次拿起青蛙娃娃，繼續縫著那顆已經有點變形的粉紅色愛心。

「呵！沒什麼。」禹琪也低頭繼續看著她的書。

「禹琪不會是……」我停下縫紉的動作，深深地吸了一口氣，「因為昊澤的追求而猶豫了吧？」

坦白說，我想裝作不在意地笑著，但我發現此刻自己愈是想在禹琪面前表現不在意，似乎就愈在意，愈想知道答案。

「當然不是！」禹琪先是急著反駁，後來再露出一抹苦苦的笑容，「他怎麼可能追我……早已經有人住進他心裡了。」

「……」抬起頭看著禹琪，我突然不知道該怎麼接話。

「不知道妳曉不曉得是何方神聖住在昊澤心裡呢？」禹琪笑了，瞇起來的眼睛，好像看起來一點也不開心。

「呃……」我還是不知道該怎麼接話。

「哈！」禹琪聳聳肩，「妳快縫吧！臭豆腐都涼了。」

「喔，好。」我尷尬地笑了笑，有那麼一點點因為話題的結束而鬆了一口氣。

我把繡線的線頭打了結，剪斷，然後發現這顆粉紅色的愛心，好像真的變形得稍嫌誇張了些。

當天晚上，寢室裡除了我以外的三個人都已經沉沉地睡去，只剩下我陷入了想睡又睡不著的尷尬裡。

和昊澤之間意外的插曲，在我心裡所泛起的漣漪還沒平靜，這下又不小心看見令人充滿疑惑的「祕密」兩個字，再加上禹琪問我的問題和她說「已經有人住進他心裡」的話，全部像說好了一般，團結地冒出來湊熱鬧。

腦子很亂，像被幾千萬個奇怪的想法佔據。

心裡很亂，像被幾千萬種詭異的情緒侵蝕著。

於是我下床，順手拿了手機走出寢室，往我的失眠陣地交誼廳走去。

到了交誼廳，一個短髮的學姊正好講完電話，踩著慵懶的步伐走回寢室，整個空間回歸寧靜。

看著空蕩蕩的交誼廳，我眞的覺得自己好像又再次成爲全世界唯一還沒睡著的人，那種強烈的孤單感又莫名其妙地襲上了我的心頭。

爲了讓身處的環境感覺起來熱鬧一些，我打開電視，坐在離電視最近的一排椅子上，把頻道選到一個熱鬧的綜藝節目，跟著主持人鋪的梗，像個笨蛋一樣，在電視機前嘻嘻哈哈地大笑著。

一連兩個多小時，我一口氣看了三個不同型態，卻一樣好笑的綜藝節目。最後因爲時間太晚了，類似的綜藝節目已經找不到半個，才將頻道停在一個我沒看過，但聽過育鎂和呆寶討論過的一齣韓劇。

不知道是劇情太過複雜，或者因爲我沒有認眞看的關係，我發現自己根本無法融入劇情中，剛剛那些複雜又混亂的情緒，一逮到機會又急速地襲了上來。

而且很奇妙地，只要我一想起禹琪聊到昊澤，說已經有人住進昊澤心裡時的表情，我就會不由自主地，把這一切和照片後面的「祕密」兩個字連結在一起，心中的疑惑和混亂也愈滾愈大，但我卻找不著一個確定的答案。

想著，我發現自己超級想知道那個住在昊澤心裡的人究竟是誰，而且隱隱約約地，發現這種存在於自己體內的感覺，好像不只是純粹的好奇而已。除了好奇之外，還有一種很奇怪的感受。

這種感受，明明很眞切，不容忽視地存在著，我卻找不出個正確的說法來將這樣的感受完整歸類。

電視螢幕上，又進入了總能吊觀眾胃口的下集預告。我站起身想活動一下筋骨，於是走到窗邊，呼吸一下外頭的空氣。

打開窗，帶著點涼意的微風立刻吹拂在我的臉上，頭上那片點綴了一點一點星光的夜色，再次映入了我眼簾。

我望著眼前的夜空，突然之間，還有種錯覺，覺得自己彷彿回到那天失眠的夜裡，有一樣美麗的夜空，一樣閃耀的星光，一樣沁涼的微風，唯一的不一樣……不一樣是……

我想起當時昊澤陪著我失眠、陪著我聊天，然後溫柔地跟我說，如果再睡不著，可以打電話給他。

我緊握著手機，在電話簿裡找到了被我命名爲「會計小天使」的電話號碼。只是，此刻我盯著彩色的手機螢幕，卻似乎沒能像當時聽到昊澤說可以打給他時，心裡油然而生的那種「眞的睡不著，當然會打電話騷擾你」的反應。這種感覺不但已經消失不見，取而代之的，更是一種猶豫不決、一種矛盾，一種明明有點想聽他的聲音，心裡卻不知道在不乾脆什麼的遲疑。

我盯著視線所及的那片夜空中最亮的一顆星，期待星星可以給我勇氣，讓我別因爲打不打電話這種小事而這麼不乾脆。每當以爲自己鼓起了勇氣，以爲可以故作輕鬆地撥給昊澤說「喂！我又失眠了」的時候，又突然變成了一隻縮頭烏龜，停住了幾乎快要壓下綠色撥號鍵的手。

唉……我嘆了一口氣，這陣子以來，好像愈來愈搞不懂自己到底在想什麼了。

難道……初吻會讓人變笨嗎？

關上了窗，我坐回椅子上，電視正在播放最近超熱門的某個男歌手ＭＶ，男歌手在ＭＶ裡又唱又跳的，像是反應著我心裡過度活躍的矛盾。

不管了，想打就打吧！

也不知道哪來的勇氣，我終於決定按下停在「會計小天使」那一欄的撥號鍵，然後將手機緊緊地貼在耳朵上。

咦？

怎麼連等待的嘟聲或音樂都沒有，對方就接聽了？而且……聽起來也不像昊澤的聲音。

我把手機拿下，納悶地看了螢幕一眼，然而螢幕上的顯示不是和「會計小天使」的通話，而是顯示著正在與「最親愛的學長」通話，通話的秒數還一直一直在往上累加著。

「呃……喂？」

「小蛙，睡了嗎？」

「喔……還沒。」我一時還反應不過來。

「這麼快就接聽了電話，我以爲妳在睡夢中誤觸了接聽。」電話那頭的學長，用低沉的嗓音溫柔地說。

「喔，不是，」我挪動身體，看見窗戶的玻璃上映照了我尷尬的笑，「我正好拿著手機。」

「呵！原來如此。」話筒裡傳來學長的笑聲，然後他才接著說：「對了，妳明天下午有沒有課？」

「明天下午？」我想了想，「沒有。」

「那要不要玩玩看ＣＳ？」

「好啊！」我不自覺地點了點頭。

「那下午兩點，我在校門口等妳。」

「ＯＫ！」我回答得乾脆，只要能和學長相處，怎麼說都是讓我開心的事情。

然後，我和學長東一句西一句地聊，窗戶的玻璃上，映照著我笑得開心的臉。

「怎麼了？」看我停在門口，把門打開並且禮貌地等我進門的學長，用低沉而溫柔的聲音問我。

「沒啊！」我深深地吸了一口氣，沒有把心裡的緊張說出口。

我黃小蛙怎麼也沒想到，會有這麼一天，能受到邀請，到自己喜歡的人的住處來。何況學長，不只是我最最喜歡的人，他在我心裡已經是近乎偶像的地位，此刻要踏進他的住處，心臟難免有點太過興奮，不聽話地愈跳愈快。

於是我再一次地吸了一大口氣，然後裝作若無其事地走進去。

我看了看房子裡的擺設，其實根本不像學長形容的「東西很亂都亂丟」。比起我在家裡的房間，學長房間的等級已經可以稱得上是整齊清潔了。

學長的東西也不算少，除了書架上一大排的教科書及課外書之外，還擺了兩把不知道是什麼型號的空氣槍，加上桌上型電腦、書櫃、書桌等，其實已經佔了滿多的空間，不過，看起來就是整理得很整齊，一點也不讓人覺得雜亂不舒服。

怪了！難道現在的男生都比我們女生同胞要來得會整理家務嗎？

拿呆寶來說好了，呆寶的房裡總會有很多古怪的收藏，整個擺飾更是到了令人匪夷所思的境界，不過說也奇怪，不特別愛乾淨的他，卻總能維持房間的整齊。學長的房間東西不少，同樣也整理得相當得當，一切很有簡約的感覺，至於昊澤的住處，房裡的東西雖然沒那麼多，但擺設及收納的方式看起來不但有品味，還讓人有一種很舒服的放鬆感，只要一回到住處，就可以很輕鬆地歇息歇息。

總之，身邊認識幾個較熟的男生，似乎都能把房間整理得比身為女生的我好很多，想起來眞讓我自嘆不如。

不過……昊澤？我怎麼又想到他了？

在心裡默默慚愧的瞬間，我才驚覺自己又無緣無故想起了昊澤。

我皺起了眉，輕嘆了一口氣，愈來愈搞不懂自己爲什麼連這種能不能把房間整理好的小事，都會繞這麼一大圈牽扯到昊澤身上。

黃小蛙，妳到底怎麼搞的啊！昊澤是跟妳很熟沒錯，但沒必要大事小事都要想到昊澤好嗎？眞是的。

「坐啊！」學長溫柔地笑了笑，從冰箱裡拿出一瓶果汁遞給我。

「謝謝。」我接過果汁，在和室椅坐了下來，立刻開了果汁瓶蓋喝一口，試圖用果汁的冰涼來冷卻自己不想想起昊澤，卻又一直不斷想起他的矛盾。

「小蛙，妳在想什麼？心裡有什麼困擾嗎？」學長在床邊坐下，和我面對面地坐著。

「沒有，」我搖搖頭，「只是有點驚訝我周遭的男生怎麼都把房間整理得這麼乾淨。」

「喔？」學長揚起眉，輕笑了一下。

「學長你很陰險耶！明明就整齊得很，還騙我說什麼房間很亂。」我皺皺鼻子。

「所以害妳抱持著要越過一座衣服山和雜物堆，才能走進來的期待囉？」

「唉唷！也不是啦！」

「怪不得剛剛在門口站了這麼久。」學長笑著補了一句，一副裝得很認眞的樣子。

「才沒有呢！我剛剛是因爲緊張……」話說到一半，我又吞了回去。

「緊張什麼？」

「沒有啦！」我揮揮手，一口氣喝了好大一口冰涼的果汁。

「因爲要來這裡，所以緊張嗎？」

我抬頭看了學長一眼，暗自氣自己幹麼沒事又說溜了嘴，「我眞的沒想過會有被學長邀請過來的一天嘛！」

「呵！」學長微微傾了身，「怪不得連臉都紅了。」

我摸摸自己的臉頰，果然有微微發熱的感覺，因此我立刻撇開了臉，想避開學長這令我緊張又難爲情的注視。在這一刻，我看見牆上掛著一件對我而言再熟悉不過的球衣，「十二號球衣……」

「還記得嗎？」

「當然！」把果汁放在一旁後，我站起身走到牆邊，伸手摸了摸眼前那件幾乎佔據了我高中時代所有目光的球衣。

不知怎麼的，我的掌心觸碰著球衣，像是觸電般感受到了球衣傳來的暖流，讓我體內的血液瞬間熱了起來。

在場上靈活地運球、跳投，然後俐落地進籃得分的那個身影，彷彿再次浮現在我的眼前，我回憶裡關於十二號球衣在球場上的一切，又再次變得清晰，再次讓我記起了因爲學長贏球而開心，因爲學長輸了球而在觀眾席上痛哭的當時。

一直以來，我總以爲自己只能站在遠遠的距離之外，遠遠看著這件球衣，根本從沒想過也有這麼一天，可以這樣近距離地看著。

「怎麼了？」

我吸吸鼻子，「只是因爲懷念。」

「嗯。」

「沒記錯的話，學長現在已經不是十二號了吧？」我想起了第一次和昊澤去球場詢問球隊經理的事情時，學長身上穿的並不是十二號球衣，「爲什麼學長不繼續選十二號呢？」

「我進校隊的時候，已經有別的學長穿了十二號。」

「原來如此。」因爲覺得自己好像問了個蠢問題，於是我揚起了嘴角，對學長笑了笑。

當我打算坐回剛剛坐著的和室椅上時，學長身後的那個四層櫃最上層的某個東西，又再次吸引了我的注意。

順著我從球衣移開的眼神，學長往一旁看了過去，「怎麼了？」

「這個……」我盯著那個吸引我注意的東西。

「很可愛吧！」學長溫柔地笑著，把四層櫃上的東西拿了下來。

「這是……」我突然不知道該怎麼接話，體內快速地被一股極複雜的情緒填滿。

「看不出來是手機袋嗎？」學長掀開手機袋的上蓋，我想他誤會了我的反應，「呵！形狀和長方形還有點差距，但是看習慣了，總覺得愈看愈可愛。」

「嗯。」我從學長手中接過手機袋，發現自己除了簡短的「嗯」一聲之外，還是沒能吐出半個字。

「高中時，收到的一個情人節禮物。」學長微微一笑。

「原來學長這麼珍惜這些禮物啊。」我微微側身，先仰起不小的仰角看了學長一眼，再低頭看著手中的手機袋。

說來好笑，我看著手中這歪斜得好笑的手機袋，像看見了多年沒見的朋友，心裡突然有種「好久不見」的懷念感。

我摸了摸接縫處拙劣的縫合，裡頭的棉花還稍微地探出了頭來，讓我想起當時熬夜趕工以及被札了好幾針的回憶。

鼻子好酸，眼眶也是。

當時的自己離學長好遠，但現在學長竟然和我站在一起，討論這個手機袋。

「其實不是每一份禮物我都會這樣好好收著的。」學長聳聳肩，臉上的笑略帶了點不好意思。

「那都丟了嗎？」我又抬起了頭。

「收到的禮物，能保存的，我通常會放在一個箱子裡，不過都沒有從南部帶上來，至於這個手機袋，呵！我也不知道爲什麼，從收到的那天起，我好像就這麼順手地把它放在房裡的書架上，放著放著，到上了大學也一起帶出來了。」

「爲什麼？它只是個普通的手機袋啊。」我的心裡好像因爲自己的禮物能「脫穎而出」而感到開心，可是一看到手機袋那好笑的形狀，我的開心一下子又被滿滿的疑惑取代。

「一開始也許是因爲好奇吧！看久了，就總覺得一看見它歪斜的俏皮樣子，以及上頭可愛的青蛙圖案，好像能讓心情不知不覺好起來。」

「是喔！」我盯著手機袋上的圖案，上頭的青蛙因爲本身形狀的關係，原本就大大微笑的嘴好像笑得更開了。

「這個手機袋是那次情人節收到的禮物中，唯一沒有卡片也沒有紙條的一個禮物。原本還以爲紙條不小心掉在抽屜裡，我還特地找了一遍。」

「嗯。」我嚥了嚥口水，猶豫該從哪個點切入，告訴學長那其實是我送的禮物時，學長又開了口。

「那天回到家，我看著手機袋想得發楞，我眞的很疑惑，爲什麼這位送我禮物的女孩連個隻字片語也不留下，這麼費盡巧思地準備了禮物，難道她不希望我知道她是誰嗎？」

「當然會希望啊。」低下頭，我捏了捏手中的手機袋，塡了棉花的地方因爲我的擠壓而陷了下去。

學長的話，讓我想起了當時的自己，因爲和爸爸約好了不在高中談戀愛，所以只敢偷偷地將手機袋塞在學長那滿是禮物的抽屜裡，不敢表白、不敢告訴學長自己對他的喜歡。

「我也這麼想，畢竟她都這麼用心準備了這個禮物。可是，我始終沒有看見她留下的一點線索。」

「其實……」正想把事情的眞相告訴學長時，學長又再次開口。

「不過後來我還是知道了那個女孩是誰喔！」學長輕輕地笑了，微瞇起雙眼。

「學長知道？」我睜大眼睛，突然不好意思起來。

「嗯，那年耶誕節之後的寒假，幾個班上的好友才起鬨著說，這肯定是隔壁班的一位同學送的。」

「啊？」晴天霹靂。

也許誤以為我臉上的錯愕是吃驚，學長拍了拍我的臉，「眞可愛的表情。因為啊，那個女生曾經寫了一張卡片，在某一次我們贏得勝利的球場上親手交給我，可能是被我拒絕過的關係，才不敢再署名或什麼的吧！我朋友們是這麼說的。」

「那學長喜歡她嗎？」我心情很複雜，心跳得超快速，而腎上腺素也急速地分泌，但為了讓話題順利進行，我只好隨意問了一句。

「稱不上喜不喜歡吧！畢竟根本不認識，當我知道她轉學的時候，心裡眞的有點後悔當時拒絕的話說得太直接，才會害她連張卡片都不敢寫，哈！不過老實說，收到這份禮物的感動是相當深刻的。每次想到這裡，我的腦子裡就會浮現一個女孩為了這份禮物，就算是自己不擅長縫紉，也下定了決心一定要完成的模樣，說不定還是熬夜完成的呢！」學長伸手輕輕拿著我做的手機袋，指著一點也不害羞，非要露在縫合處外的棉花。

「嗯，看起來的確不太高明。」我嘻嘻嘻地笑了，但我猜這樣的笑容是尷尬的。

學長說對了女孩的不擅長縫紉，也說對了女孩熬夜的經過，可是沒想到那個不擅長縫紉的女孩其實就是站在他面前的黃小蛙。

當下的我，有一股強烈的衝動，想不管三七二十一地告訴學長眞相。

只是，心裡的難爲情、心裡的尷尬，卻讓我不知道該怎麼說出口。

「唉呀！不談這些了，快來戰戰ＣＳ吧！」學長將手機袋放回原處。

「嗯。」我點點頭，決定先玩玩ＣＳ之後，再找個好時機好方式告訴學長關於手機袋的祕密，關於我就是那個不擅長縫紉的女孩的祕密！

我果然不是玩槍戰的料，最後我終於下了定論。

我發現自己不但搞不懂空氣槍，就連虛擬的槍也控制不好，每次在遊戲開始時一購買好裝備，才走過兩三個角落，就立刻被爆頭而死，完完全全沒有反擊的機會。

因爲校隊的教練臨時要開會的關係，所以我們只玩了一小時左右，就連原本要一起去簡餐店吃晚餐的計畫都取消，匆匆趕回學校去。

我終究還是沒有機會跟學長提起那個不擅長縫紉的人其實就是我。

學長陪我走到離宿舍大約五、六十公尺遠的福利社時，正巧遇到了剛從教學大樓出來的育鎂。由於學長在趕時間，我便請他先去開會，我會和育鎂他們聊聊天之後再回宿舍。

我和育鎂買了三瓶飲料和幾包零食，走到福利社旁的餐廳裡，順便約了呆寶一起過來，像往常一樣邊吃零食邊聊天。

「所以妳還是沒有跟學長說，那個歪七扭八手機袋，是妳不惜手指被扎得像小饅頭一樣辛苦完成的囉？」在我大致把和學長相處的經過敘述一遍之後，呆寶習慣性地用右手戳戳他的鬍渣，一邊開口問我。

我補了一句，「反正有的是機會啦！」我笑了笑，其實我此刻說這句話，好像有點自我安慰的味道在。

「眞沒想到學長會這麼妥善地保存小蛙的手機袋耶！」

「對啊！看到十二號球衣時，心裡的感覺已經夠複雜的了，接著又看見那熟悉的手機袋，要不是當時努力克制住，我差點就要因爲想起了很多以前的事，在學長面前感動得哭出來了。」我皺了皺鼻子，想起當時鼻子和眼眶都酸了的感覺。

「克制住？」育鎂睜大了眼睛，像發現了新大陸般看著我。

我摸摸頭，不好意思地笑了，「對啊！」

我想育鎂會驚訝是正常的反應。因爲我的情緒一向來得快去得也快，而且哭點跟笑點都很低，加上在他們面前，我一向是想哭就哭、想笑就笑，也難怪育鎂會對我的「克制」這麼驚訝。

「小蛙，」呆寶清清喉嚨，收起笑容，換上正經八百的臉，「妳有沒有想過，爲什麼妳在昊澤面前可以毫不掩飾地生氣、流淚，但是在學長面前卻必須努力地壓抑著自己想哭的衝動呢？」

「呆寶這麼一說……」育鎂點了點頭，「我也想知道是爲什麼耶！」

「妳想過這當中的差別嗎？」呆寶再問了一次，臉上的認眞神情，讓他看起來更像個成熟的男孩。

「……」看著呆寶，我眞的不知道該怎麼回答。

其實在學長面前努力忍著不哭的當下，甚至是離開學長住處時到現在，我的腦子並沒有任何多餘的想法，更別說是呆寶說的這些。

是啊！爲什麼在昊澤面前，我似乎眞的沒想過要掩飾自己的情緒，但在學長面前，卻連因爲感動得想哭都得不自覺地藏起來。

「妳覺得是爲什麼呢？」育鎂湊了過來。

「我想……」我思考了幾秒，苦笑了一下，「應該是因爲我不想在喜歡的人面前破壞形象吧！」

「是嗎？」呆寶還是那副正經八百的樣子。

「嗯。」我盡可能地斬釘截鐵，不想讓呆寶那正經的臉動搖了自己的想法。

「還是這段日子相處下來，妳已經不知不覺地對昊澤日久生情了呢？」

「怎麼可能！」我不自覺地放大了音量，還引起了隔壁桌同學的注意。

「先別說得這麼絕對，我覺得……」

「不可能的，學長在我心裡的地位從來沒有改變，從高中到現在，我最喜歡最喜歡的人就是學長，而且我才剛剛做好了襪子娃娃，想親手送給學長的耶！剛剛和學長相處，心裡也只有滿滿的甜蜜、滿滿的開心，這就是喜歡啊！我怎麼可能會喜歡昊澤，還有……」我一股腦兒地，說了一大堆連我也不知道爲什麼要說得這麼急、這麼理直氣壯的理由。

直到育鉷打斷了我的話，我才停了下來。

「小蛙，有時候這種日久生情的感情是很難說的。」

「我懂，」我點點頭，「可是我眞的認爲和昊澤之間就像你們跟我的感情一樣，相處起來就是這麼自然啊！」

「好吧！」育鉷聳聳肩，「既然妳堅持這麼認爲的話。」

「好啦！別談論這種嚴肅的話題了，」呆寶露出他的笑，也許因爲想暫停這個話題的關係，「不過我說小蛙啊！妳也眞是的，虧妳這麼聰明也不懂耍些小手段。」

「什麼意思？」我和育鉷異口同聲。

「妳沒聽過『憐香惜玉』這四個字嗎？妳在學長面前就應該大聲哭出來啊！說不定學長看妳哭了的樣子，心裡燃起憐愛之情，然後就心疼地安慰妳，再給妳一個愛的擁抱和愛的親親喔！」呆寶瞇起眼睛，眼神裡全是曖昧。

「最好是啦！」我皺皺鼻子，直截了當地反駁。卻在這個時候，想起了在昊澤住處的那一天，「男生……眞的都會因爲心疼而擁抱別人嗎？」

「那可不一定，基本上這個男生要對那個哭泣的女生有一定程度的好感。」

「那……有沒有可能，」我嚥了嚥口水，猶豫該用什麼詞語比較得當，「因爲安慰而吻了那個女生啊？」

「咦？」呆寶沒有回答，不過卻似乎引起了育鎂極大的好奇，育鎂瞇起了眼，曖昧地看著我，「該不會和學長之間已經進展到這樣的境界了吧？」

「才沒有呢！」

算了，我還是暫時結束這個話題好了。

在還沒想好該怎麼讓他們知道自己和昊澤發生的事情時，我看我還是暫時先別談這種讓自己又陷入了混亂的話題。

「好啦！不談這些了。」我揮揮手，抓了兩片洋芋片放進嘴裡，「你的校花小姐呢？」

育鎂和呆寶互看了一眼，然後同時把目光移到我臉上，還一起露出了神祕的笑。

「在一起了？」我興奮地睜大了眼睛，看著他們兩個神祕得像是有好事發生的表情，沒想到在這些我們三個各自忙自己的事的日子裡，呆寶和系花小姐已經修成了正果。

「沒有。」呆寶還是那副神祕的笑，「我放棄她了。」

我皺皺鼻子，自以爲是地用力拍了拍呆寶的肩，「看你的表情，明明就有好事嘛！騙不了解你，育鎂對不對？」我轉向育鎂。

「呆寶眞的沒有跟那個系花在一起。」育鎂對我眨了眨眼。

「眞的嗎？」我看著眼前這兩位不知道在賣什麼關子的死小孩。

「嗯，而且他有了新的交往對象。」

「眞不夠意思耶！你們兩個竟然都沒告訴我。」我抗議，把嘴翹得高高的。

「最近就不知道是誰一天到晚忙襪子娃娃的事啊！一下子跟昊澤去買材料，一下子又拚了命地趕工，一下子……」

「好啦！那快告訴我到底是怎麼回事嘛！」

「這個過程一言難盡啦！下個星期，我們依照慣例一起吃耶誕大餐的時候，我保證會好好說給妳聽。」

「可是我想現在聽。」我雙手合十。

「就跟妳說一言難盡了，妳現在啊！就只要好好弄清楚自己對學長的感情就好了。」呆寶輕輕拍了拍我的臉頰。

「拜託啦！」我還是雙手合十。

「我堅持。這樣好了，爲了表示誠意，這次的耶誕大餐，我會帶我女朋友一起出席！」

「眞的喔！」我伸出手，和呆寶打勾勾。

「眞的。」呆寶也伸出了手，和我蓋了章。

一如往常的會計課。

老師依然點到了二十七號，昊澤依然在緊急時刻給了我即時的救命紙條，讓我從容不迫地把習題解答寫在黑板上。

唯一的不同，是老師宣布下下個星期的課，他要進行小考，一個名曰「小考」但分數的比重卻佔平時成績百分之三十的「重要考試」。

其實這算是會計老師的德政，他也表明這樣的作法是爲了不讓期中和期末考這兩次考試決定同學會不會被當的命運。說起來，會計程度這麼差的我應該感到開心，但一想到在耶誕節前後，可能總要把討厭的會計考試掛在心裡，好像就無法眞正感到輕鬆。

在同學們討價還價宣告無效之後，老師繼續認眞地講課。而盯著課桌上的課本，幾乎被沮喪塡滿了身體的我，突然看見昊澤迅速地放在我的課本上的紙條。

「下課後，一起吃個飯，我想我必須和妳聊聊。」上頭寫著。

我本來試圖找個天衣無縫的理由，好拒絕掉昊澤的邀約。但不知怎麼的，我一向自認聰明，小時候想跑出去玩總能有一大堆藉口說服爸爸，此刻腦子裡卻擠不出半個像樣的理由來婉拒昊澤。

於是，我轉頭看昊澤一眼，對他點了點頭。

接下來的時間，我不但沒能將老師上課的內容聽進去，反而陷入了極混亂的狀態中，滿腦子裝的都是昊澤要跟我說什麼的問號，擔心的也都是等會兒該怎麼面對昊澤才好。

下課鐘聲響起，當我慢吞吞地收著自己的東西時，昊澤已經背起了背包，站在我身旁等我，而且還貼心地拿起我課桌上厚重的會計課本。

「走吧！」

「嗯，」我點點頭，「要吃什麼啊？」爲了掩飾最近自己心裡面的疙瘩，所以我盡可能裝作自然地說。

「帶妳去市區一家很有名的火鍋。」昊澤笑笑的，笑容和以往一樣的陽光，在他俊俏的臉上，我似乎看不到任何一絲絲和我一樣的尷尬或疙瘩。

「好。」我站起身，也背起了自己的背包。

「你們要一起出去啊？」禹琪也收好了自己的東西，走過來，笑盈盈地站在我和昊澤的座位之間。

「嗯，我約了小蛙去吃飯。」

「吃飯？」禹琪睜大眼睛，看起來很有興趣，「我正好沒事，也一起去好嗎？」

「好啊！」我答應得很乾脆，潛意識裡似乎覺得，多了禹琪，多少就能化解我和昊澤之間的尷尬。

「禹琪，改天吧！我只訂了兩個人的位子，」昊澤用低沉的聲音說：「而且有些事我想跟小蛙單獨談談。」

「昊澤！不然……」因爲瞥見了禹琪臉上被拒絕的尷尬，我試著打圓場。

「改天吧！」昊澤倒是很堅持。

「喔，」禹琪苦笑了一下，「那就改天吧！我先走囉！」

「拜！」

我也說了聲再見，不過還沒來得及揮手，禹琪就已經走向教室門口。

「我們走吧！」

我走在昊澤身旁，和他一起走出教室。走向停車場的路上，我猶豫了好久才開了口。

「剛剛這樣拒絕禹琪，我覺得太不婉轉了一點。」

「我是實話實說，那家火鍋店通常要先預約的。」

「可是，你可以迂迴一點，或者另外找一間可以同行的店就好，又不一定非要吃那家火鍋店不可。」

「哪家店對我而言也不是重點，我只是想跟妳單獨談談。」也許他發現自己的步伐太快了一點，所以特地慢了下來。

「可是你可以找個比較……」

「小蛙，我們可不可以別說這個了，總之，改天有空我們再一起吃個飯就是了。」

「喔。」我和他並肩走著，接下來的一路上，我想是我和昊澤認識以來，最漫長、最讓我不知所措的沉默了。

想起在這之前我和昊澤相處時的無話不談，這樣的沉默似乎顯得特別地諷刺。

而我不禁想著，這樣可怕的沉默會不會就此取代從前的無話不談，成爲我和昊澤之間新的相處模式？

十分入味的凍豆腐，浮在紅色的麻辣湯裡，我低著頭，吃完第二碗白飯的最後一口。

「好吃嗎？」

「嗯，超好吃。」邊說，我還不小心打了個嗝，「你呢？怎麼好像都沒什麼在吃？」

「看妳吃得這麼認眞，就覺得很有趣。」

「我太不顧形象了喔？」感覺自己臉紅了起來，我連忙拿了一旁的烏梅汁喝了一口。

「不會，我現在可以跟妳聊聊了嗎？」

「嗯。」我又喝了一口，酸酸的味道刺激著我的味蕾。

開始說話之前，昊澤也喝了一口烏梅汁，當裝著烏梅汁的玻璃杯放回桌上發出清脆的聲響後，昊澤才再度開口。

「小蛙，最近……妳在躲我嗎？」

「呃……」我咳了咳，連忙放下烏梅汁，我沒料到昊澤會這麼直接。

「是吧？」

「我不知道。」不知怎麼搞的，在猶豫之後，我說得很認眞，原以爲應該會閃避他眼神的我，卻用連自己也沒料想到的冷靜眼神看著他。

「我想，那天是我太衝動了，才會嚇到妳。」

「其實……」我吐了一大口氣，思忖自己的用詞，「我只是、只是……」

唉唷！我該怎麼說？我該坦白地說，有一大部分的原因，其實是來自我個人的問題嗎？我該告訴昊澤，我只是想不透自己那個情不自禁的回吻嗎？

可是一看見昊澤那張等著我答案的表情，我好像就是無法坦白說出來。

「對不起。」他苦笑了一下。

「沒關係。」我吸了一大口氣，才緩緩說出了這三個字，不過隨即有種心虛的感覺，因為根本沒有生氣的我，又何必這麼說？

「對不起嚇到了妳，真的對不起。」他苦笑一下，「也請妳相信，我的擁抱、我的吻，絕對不是隨便就給任何一個女孩子的。」

「嗯……不是因為心疼，然後……呃……安慰嗎？」我突然想到呆寶說的，關於男人會心疼女孩眼淚的那段話。

「是因為心疼，也是因為安慰，但最大的原因是，我對妳……情不自禁。」昊澤說得很誠懇，而我的心竟莫名地多跳了幾下。

「所以，是因為我是黃小蛙的關係？」我真搞不懂自己想問個清楚的動機在哪，但不可否認的是，我發現自己真的想知道這個問題的答案。

那種感覺，好像是打從心裡想確定，昊澤不是隨便把我當成別人對待，想確定當時被他擁在懷裡的我，不是任何一個人能取代的。

矛盾的是，這麼強烈想知道答案的我，毫不考慮問出這個問題的同時，又因為這個脫口而出的問題感到後悔，我的理智甚至在這個時候諷刺地告訴自己，我和昊澤的友誼，似乎不怎麼適合存在著這種曖昧。而且喜歡學長的我，怎麼又可以對昊澤有這麼複雜的情緒？

黃小蛙，看來妳把原本捆得好好的毛線球攪得一團混亂了。

「算了啦！我……」還是慢慢把毛線球解開吧！

「就是因爲妳是黃小蛙。」我正想說我只是隨便問問，昊澤就搶先堅定地回答了他的問題，「不是隨便的誰可以取代的。」

「是嗎？」

「嗯，而且，也是因爲妳，讓我慢慢從過去的傷痛中走了出來。我曾經以爲自己不會再有喜歡誰的能力，是妳讓我找回了愛人的勇氣，謝謝妳。」

「你是說，」我拿了烏梅汁喝一口，「是我讓你從那個陰影走出來的？」

「時間當然是沖淡一切傷痛的主要力量，但是，妳在適當的時間點出現，眞的讓我改變了很多。」

「我不太懂你的意思。」

「認識妳之後，在妳身上我看見了喜歡一個人的勇敢，以及喜歡一個人的不顧一切。」

「我以爲……這是白目耶。」我尷尬地笑了笑。

「對我來說，是勇敢得很可愛，」他微微一笑，「另外，除了謝謝之外，我想說的是，我喜歡妳。」

「喜歡？」我睜大眼睛，以爲聽錯了什麼。

「是的，我喜歡妳。」昊澤的微笑裡，藏了很多的溫柔。

喜歡？

他喜歡我？

這一次，我確定自己沒有聽錯。

我的心怦怦怦地跳得好快，像從抒情歌曲跳到動感的搖滾般地，連呼吸也急促到一整個不行，那句用低沉嗓音說的「我喜歡妳」縈繞在我的耳邊揮之不去。

「我……」

「我知道妳很喜歡學長，而且或許妳心裡永遠也不會有我的位置，不過那都沒關係，我會用我的方式喜歡妳。」

「昊澤？」

「希望妳不要誤會，我不是因爲不夠勇敢，也不是因爲缺乏勇氣，不敢和學長競爭在妳心裡的位置，我只是不想給妳壓力，因爲我希望往後，黃小蛙還是能像從前一樣自在地和我相處，可以嗎？」

對於昊澤的問句，我不由自主地點頭表示了我的回答。

「所以，從今以後，我會適度地在不讓妳困擾或煩惱的程度裡喜歡妳。」昊澤誠懇地說完，接著站起身，完全不顧會不會引起其他顧客的注意，溫柔地在我額頭上親了一下。

在那一剎那間，我不得不承認，看著昊澤深邃而認眞的眼神，我整顆心急速地被滿滿的感動所充斥。

除了感動之外，似乎，還有一種輕飄飄的微醺。

沒想到在愛情的國度裡，自認爲勇敢乾脆的我，面對昊澤的告白，竟是這麼地不自在！因爲沒想到昊澤會有這種突如其來的告白舉動，所以此刻我不得不好好地沉澱一下，並且讓還無法以正常頻率跳動的心臟平復下來。

昊澤送我回宿舍後，我沒有立刻上樓回寢室，只是坐在一樓大廳，拿了書架上的報紙閱讀。

不過我根本沒有閱讀的心思，之所以拿了份報紙，只是爲了不讓坐在大廳的自己看起來過於突兀的僞裝而已。

我盯著報紙，滿腦子想的，全都是剛剛在火鍋店裡，昊澤所說的每一句話。

一想起昊澤告白時的情景，以及他不顧眾人眼光在我額頭上的一吻，我的心臟又開始不由自主地愈跳愈快，隨即想起當時聽他那些話時的感動。

昊澤的告白眞的嚇了我一大跳，我甚至沒想過在自己喜歡學長的同時，身邊還會有這麼樣的一個男孩喜歡著我。

心裡的感覺很複雜，我根本無法準確地形容出來，我唯一發現的，是我似乎有那麼一點因爲確定昊澤那天不是隨隨便便就吻了我而安心，尤其是他還表明了那一切「不是隨便的誰可以取代」。

打了個呵欠，打算上樓前，我闔上報紙。當我站起身把報紙放回書架上時，手機在我的包包裡微微地震動了起來。

「小蛙，我到家了，妳呢？準備睡了嗎？」

「沒有。」我瞄了一眼大廳牆上大大的時鐘，這才發現我竟然在這裡，盯著報紙待了將近一小時之久。

「會不會害妳今天晚上又失眠了？」

「也許喔！」我哈哈地笑了，爲了不讓手機斷訊，我捨棄了電梯，往樓梯走去。

「一樣是那句老話，睡不著的話，可以打電話給我。」

「嗯。」我習慣性地點了點頭，一步一步地往階梯上踩。

「不過今天沒有月亮，連星星也少得可憐就是了。」

「是嗎？」在樓梯間，我靠近牆邊，從小小的氣窗看著窗外一小片夜空，「也許星星和月亮都被你的告白嚇壞了吧！」

「說不定喔！」電話那頭的昊澤呵呵地笑了，接著才又繼續說：「不過我眞的希望沒有嚇到妳。」

「不會的，」我像個呆子一樣，又習慣性地搖了搖頭，然後開玩笑地說：「我黃小蛙又不是沒被告白過，不過……上一次被告白，其實是我們高中的康樂股長玩大冒險輸了，才來向我告白的。」

「然後呢？」

「笑一笑就沒事啦！那又無傷大雅，難不成要報警抓他嗎？」

「呵！黃小蛙好久沒有這麼自然地跟我說話了。」

「是啊！好像眞的好久沒有這樣跟你說話了。」我輕輕地笑了笑，繼續踩著上樓的階梯，發覺自己眞的比較習慣，也比較喜歡這樣和昊澤相處，沒有不自在，也沒有不自然，

「對了昊澤，我可以問你兩個問題嗎？」

「嗯？」

「你的告白……是眞的嗎？」我的心臟又怦怦地跳得更快了些。

「嗯，不是因爲大冒險輸了的關係。」

「那你是從什麼時候發現自己喜歡我的？」走到了我寢室所在的樓層，我乾脆停下腳步，坐在其中一層的階梯上。

「喜歡妳，是不知不覺蔓延開來的，」他停了幾秒，「自從我抱住妳的那一刻起，我就確定自己早已經無法克制地喜歡上妳了。」

「可是……」我摸著自己因爲急促的呼吸而起伏得很快的胸口，「你又不是不知道我喜歡學長。」

「所以我不會帶給妳困擾的，就像在火鍋店時跟妳說的那樣。」昊澤的語氣異常溫柔。

「昊澤……」我深深地吸了一口氣，「我知道要收回對一個人的感情其實很難，但是可不可以請你試著收回對我的喜歡？」

「小蛙？」

「因爲不只是從前、現在，甚至到了未來，我想我還是會一直這樣喜歡著學長，而我一

點也不想傷害對我來說也很重要的你。」

「我說過，我會用我的方式喜歡妳，可是不會讓妳困擾的，所以請妳放心。」昊澤說話的聲音，還是像剛才一樣地溫柔。

「可是，可是……」

「我喜歡妳，讓妳困擾了是嗎？」

「嗯……」一低頭，正巧看見腳邊的一隻小螞蟻，牠因爲不小心撞上了我的鞋而停了下來。

「眞的很困擾嗎？」

「非常困擾。」我深深地吸了一口氣，發現自己好像有一點點不願意說出這樣的話，只是我的理智卻主導了我，好像非要我這麼說不可。

「唉……不然這樣好了，」我覺得自己彷彿感受到昊澤說這些話時的爲難，「我會盡量收回對妳的喜歡，這樣好不好？」

「眞的嗎？」

「眞的，每天收回一點點，直到妳和學長交往的那一天爲止。」

「嗯，」我吸了吸微微發酸的鼻子，盡可能用平靜的語氣說：「爲了不讓自己受傷，你一定要加油喔！」

說這句話時，我心情又複雜了起來，然後有一種想哭的衝動。

掛斷電話後，我站起身，準備往寢室走去。當我一轉身，就看見站在我後頭的禹琪。

我拍拍胸，「禹琪？」

「我還以爲小蛙又錯過門禁時間了。」

「沒有，我早就回宿舍了，剛剛在大廳看了一會兒的報紙，然後……」

「然後就坐在這裡跟學長甜蜜地聊天嗎？」

「呃……」我看著微微一笑的禹琪，覺得在禹琪上揚的眉毛裡，我好像看見了一點點試探的味道，「不是學長，是昊澤啦！」

「剛剛吃飯還聊得不夠啊？」

「其實，也沒有聊什麼，妳也知道嘛！我是大胃王啊！」我嘻嘻地笑著，「光吃飯的時間就不夠了。」

「那昊澤……」禹琪咬了一下她的下唇，像在猶豫什麼似地，「他跟妳說了什麼嗎？」

「啊？」我移開目光，因爲一時之間，我不知道該怎麼回答禹琪的問題。

我該告訴禹琪今晚昊澤對我告白嗎？照理說，禹琪是我的好朋友，依照我的個性，一定會把這件事讓禹琪知道，只是爲什麼現在我心裡有一種莫名其妙的顧慮，然後莫名其妙地想起照片後面寫的「祕密」兩個字呢？

「呵！我好像問錯問題了喔！」禹琪拍拍自己的臉，「你們好像一直都有很多話題可以聊的嘛！」

「啊，是啊！」我苦笑了一下，很不喜歡這麼不乾脆的自己。在這種不乾脆的背後，似乎代表著自己和禹琪之間，已經沒有以往的單純直接。

是我的問題嗎？是不是我太多心了？但是爲什麼最近我好像總會在禹琪臉上發現奇怪的表情或試探呢？

我不知道和禹琪之間的變化是從什麼時候開始的，但是，我眞的很不喜歡、很不想要這樣的變化。

「不知道的人，也許會以爲你們是情侶呢！」

「怎麼可能啊！」我皺了皺鼻子，急著否認的同時，想起了昊澤告白時的認眞表情。

「小蛙，我們坐著聊聊吧！」禹琪在階梯上坐了下來。

「好啊！」我點點頭，也跟著坐下。

「對了！我看見妳做好的襪子娃娃了。」

「還可以吧？」我睜大了眼睛，想知道禹琪的評語。

「不錯啊！我覺得挺可愛的。」

「那就好，雖然我的縫紉技巧還是有待加強，不過比起上次的手機袋，我自己覺得好像眞的進步很多了。」

「我相信學長收到這樣的禮物，一定會很感動的。」

「對了對了！我都忘了告訴妳，上次我去學長住處的時候，還發現了我以前做的手機袋喔！」我把當時的情形大致說給禹琪聽。

「找個機會告訴學長吧！而且這一次，妳終於可以親手把禮物交給他了。」

「對啊！超期待耶誕節的來臨耶！」我將手肘拄在腿上，撐著下巴，「那妳和妳男朋友想好怎麼慶祝了嗎？」

「我們不打算慶祝了。」

「不打算慶祝？」我因爲驚訝，語氣不自覺地揚得高高的。

「剛剛……我們分手了。」

「分手？」我挖了挖耳朵，再確定了一次。

禹琪苦笑了一下，「嗯，分手了，是我提的。」

「爲什麼？」我看著禹琪的側臉，卻看見了她臉上超乎尋常的冷靜。

禹琪又苦澀地笑了笑，「因爲我發現我們之間的感情已經淡了，而且……」

「而且什麼？」

「我愛上別的男生了。」

「啊？」我想我明白了，上次和禹琪聊天時，爲什麼她會談到變心的事。

我現在才知道，原來，當時禹琪並不是在開玩笑，只是我遲鈍地相信這樣的說法而已。

「我……我喜歡上昊澤了。」

「……」我確定自己並沒有聽錯，但老實說，我眞的希望自己聽錯了什麼。

「我想，妳上次應該看見照片背面寫的字了吧？」禹琪抿抿嘴。

「嗯……」我吐了一大口氣，「對不起，我不是故意瞞著妳的。」

「沒關係啊！」禹琪牽動了嘴角，「我相信小蛙不是故意欺騙我的。」

「對不起。」我的腦子陷入不太能夠思考的狀態，唯一能說的好像只有這三個字而已。

「其實當我確定自己對昊澤的感覺之後，我也一直想找機會告訴妳，」禹琪停頓了幾秒，「只是一直找不到適當的機會，也有一點擔心……」

「擔心什麼？」

「我眞的很擔心妳也喜歡昊澤啊！黃小蛙是我上了大學以來最要好的朋友，要是妳也喜歡昊澤的話，我一定會退出的。」禹琪笑了，眼睛還因此瞇了起來，「不過看妳這麼認眞地製作那個青蛙娃娃，我想，眞的是我想太多了，小蛙這麼喜歡學長，怎麼可能會喜歡昊澤呢？對不對？」

「呃……」

「是嗎？」禹琪還是帶著那樣的笑容，甜甜地看著我。

「當然啊，我最喜歡學長了。」我也回了個微笑，腦海裡一直回想到昊澤告白時的溫柔眼神。

「呼！我們回寢室休息吧！」禹琪站起身，拍拍褲子，「終於把心裡的祕密說出來，感覺輕鬆多了。」

我跟著站起身，也拍了拍褲子，「我也有點累了。」

「對了！小蛙要幫我保守祕密，千萬不要告訴別人我喜歡昊澤喔。」

「嗯。」
「還有，也要幫我製造機會喔！」禹琪看著我，俏皮地對我眨了眨眼。
「嗯。」
「我就知道小蛙對我最好了。」禹琪熱情地抱住我，「謝謝小蛙。」
「不要客氣啦。」我反射性地拍了拍禹琪的背。
雖然可能是我自己弄錯了，但在那一瞬間，我突然覺得禹琪的擁抱好像有點陌生……

當天晚上，我果然又失眠了。
不過這次我沒有打電話給昊澤，只是呆呆地躺在床上，想認眞地沉澱一下近日來混亂的一切。
怎麼有一種全世界的麻煩事全都攪在一起的感覺？
昊澤告白所造成的驚訝尚未平復，接著又是禹琪的坦白帶給我的震撼，我甚至懷疑，命運是不是將我黃小蛙從前十幾個年頭以來從未發生過的複雜事，全部選在這個時候發生。
先是和昊澤大吵一架，然後昊澤突然地吻了我，再來是昊澤的告白。在我好不容易調適好自己面對昊澤的心態時，禹琪又跳了出來告訴我她對昊澤的感情。
昊澤的告白，坦白說我並不討厭，而且當時還有一種甜甜淡淡的幸福感，我甚至還因爲彼此說好了要像從前一樣相處，而感到很放心。

只是，現在知道了禹琪的心事，我眞的還能像先前和昊澤結束通話時，那樣坦然與放心嗎？

突然間，我好像又不知道該怎麼和昊澤相處了。

唉！只怪我太遲鈍了，一直以來沒都注意到這些變化，還是因爲一直以來，我所有的目光全都鎖定在學長身上，對於學長以外的人事物幾乎視而不見的關係，才會忽略了昊澤對我的好，也忽略了禹琪暗戀昊澤的心情？

原本攪得一團混亂的毛線球，好像打上了一個一個的死結。

從前只是單方面地喜歡學長，就已經夠讓我煩惱了，現在一下子晉升到了我從沒遇過的四角習題，這種複雜的局面，我該怎麼辦呢？

算了，不想了！還是來睡我的大頭覺吧！

我蓋好棉被，決定不再思考這惱人的問題。然而我跳過了這個問題，腦子裡又不自覺浮現了禹琪在樓梯口說的話，以及她天眞地擁抱住我，要我幫她製造和昊澤之間機會的畫面。

一下子，我心裡被好多好多的慚愧所塡滿。

禹琪是這麼重視她和我之間的友情，這麼認眞地把我當成她的好朋友，甚至願意爲了我，放棄對昊澤的喜歡，而我竟然連不小心看了照片背面的字這種小事，也選擇隱瞞，甚至懷疑和禹琪之間的友情存在了什麼疙瘩，連禹琪說的話都誤以爲是試探。

原來，變得奇怪、變得不坦白的人，全都是我！是我開始隱瞞和昊澤之間所發生的事，是我開始變得怪裡怪氣，全部的全部，都是我黃小蛙心眼小所造成的。

禹琪對不起……

閉上眼睛之前，我在心裡誠心誠意地對禹琪說了聲抱歉。

聽系上的學長學姊說過，在大學裡，過耶誕節絕對是一個幸福而且難忘的經驗。

教學大樓的中庭，除了布置上一大片白茫茫的雪景之外，還擺上一棵比人還高，並且掛滿了小卡片的超級大耶誕樹。此外，校園裡處處可見專屬於耶誕節的幸福布置，每個人似乎都期待著這個幸福節日的來臨，連空氣裡都像洋溢著幸福的甜味。

至於我，也許是第一次離開氣候較溫暖的南部，再加上連日寒流的關係，忍不住覺得，今年的耶誕節似乎特別冷。

冷得讓我的心情一直無法high起來。

這幾天，我又不著痕跡地刻意減少和昊澤相處的機會，所謂的「不著痕跡」，就是當昊澤邀我去哪裡時，要盡量露出自然的笑容，告訴他我待會兒要跟育鎂他們出去，或是告訴他我已經和學長約好了要打CS，總之是盡可能刻意減少獨處的機會，好避免禹琪誤會我和昊澤之間的關係。

這些費盡心思的舉動，對我這種個性大剌剌的人來說，其實困擾得很，只是在我還沒想好該怎麼解決這一團混亂時，我決定什麼也不去想，暫時就這樣「不著痕跡」下去。

上完耶誕夜當天的最後一堂課，同學們陸續走出教室，我收拾好東西，穿上厚重的大衣，準備離開教室。

「小蛙，等會兒要不要跟大家一起去參加舞會？」昊澤也站起身。

我扣上大衣的扣子，搖搖頭，「不了，你們去吧！我要把神祕禮物親手交給學長啊。」

「喔！我差點忘了妳的青蛙娃娃。」昊澤拍拍額頭，「要到他住的地方嗎？」

「嗯。眞希望學長會喜歡。」

「會的。」昊澤笑了笑，「任何人收到這樣的禮物都會感動的。」

「是啊！小蛙的禮物，一定能讓學長感動。」不知道什麼時候，禹琪已經站在我身邊，還接了話。

「但願囉！先走了，拜！」我笑了笑，拿起桌上裝了襪子娃娃的紙袋，準備走出教室。

「小蛙！」

「嗯？」我轉身，看著叫住我的昊澤。

「妳穿這樣騎車恐怕會冷吧，我的圍巾……」昊澤邊說邊動手取下他脖子上的圍巾。

「呃，不用了啦！」我沒想太多地抓住了昊澤的手。一察覺禹琪臉上的異樣，我又機伶地把手放開，「謝謝你，這件大衣超溫暖的，而且別小看我黃小蛙喔！爲了學長，再冷我都能忍耐的。」我哈哈哈地笑著，想刻意忽略存在於我們三個人之間的尷尬，盡量用自然方式說話。

「眞的不用嗎？」

「不用不用！」我揮揮手，一樣笑著說：「你還是先圍著吧！舞會不是在體育場嗎？那裡風大，如果禹琪冷了，再記得幫禹琪圍上喔！我先走了，來不及了，拜拜。」說完，我快步走出教室，頭也不回地衝向停車場。

看著一群一群從停車場趕著往校園裡走去，準備參加舞會的同學，冷風中的我，好像快被一種強烈的孤單侵蝕。

其實，我是期待耶誕舞會的，只是，最後我選擇了逃避，選擇了讓禹琪和昊澤在這樣幸福的時刻裡，有多一點點的相處機會。

「學長，耶誕快樂。」當學長打開門的那一刻，我雙手捧著紙袋，大聲地對他說。

「小蛙？」學長一手接過我的禮物，一手拉著我，把我拉進房裡，「外頭這麼冷，妳怎麼就這樣跑來了？」

「因爲我想送學長一個很特別的耶誕禮物。」我吸吸鼻子。

「就這樣跑來，不怕我不在嗎？」學長倒了一杯熱水給我，並且拉了一張椅子，和坐在床邊的我面對面坐著。

「謝謝，就算學長不在，我也會一直在這裡等到學長回來。」我笑了笑，看到學長滿是關心的表情，總算掃走了心裡一部份的孤單。

「怎麼會這麼衝動，如果我今天也去參加舞會的話，那妳不就有得等了？」

「上次學長說了這幾天要忙報告，所以不會參加舞會的啊！」

「我是這麼說過沒錯，不過妳不打個電話和我確認一下，眞的太衝動了。」

「衝動……」

上一次，昊澤也是這麼說的，然後我們還因爲這樣大吵了一架，然後……

「小蛙？」學長搖了搖我的肩膀，「小蛙？」

「啊？」

「在想什麼？」

「沒有。」我搖搖頭，暗自責怪自己怎麼會在學長面前這樣發起呆來。

「妳看妳，臉頰和鼻子都凍得紅通通的。」學長微微地皺了眉，輕輕碰了一下我的鼻頭和臉頰，「現在還冷嗎？」

「喝了熱水，身體溫暖多了。」我看著學長，呵呵地笑著。

「那就好，今天要打CS嗎？」學長揚起眉毛，帥氣地指著電腦。

「不了，」我攤開了手掌，「今天氣溫太低，我的手都凍得遲鈍了，而且我發現我好像眞的不是玩槍戰的料，想起來眞好笑，當初還硬是要參加空氣槍社呢。」

「其實這並不是絕對的。」

「也許吧！」我聳聳肩，然後因爲貪圖溫暖，又拿熱開水喝了一口。

「呵！我有一點意外，爲什麼妳沒有去參加舞會，難道妳一點也不期待嗎？」學長認眞地看著我。

「當然期待啊！只是……」

「只是什麼？」

「只是上了整天的課有一點累，所以不想參加了。」我擠出笑容，隨便找了個答案，因爲現在的我，只想開心地和學長相處，一點也不想去提起最近發生的混亂。

「眞的嗎？」學長稍稍移動了椅子，和我的距離更近了。

「當然啊！天氣這麼冷，我還比較想在宿舍睡大頭覺呢！」

「既然這麼想窩在宿舍，又爲什麼騎了這麼遠的路來找我？」

「呃……」因爲害羞，我急忙避開原本直視學長的眼神，然後站了起來，意外發現放在桌上的粉紅色紙袋，紙袋的提帶上別出心裁地綁上了淡紫色的蝴蝶結，「這是……」

學長也站起身，走到我身旁，「這是今天早上奕婷託人拿到社辦給我的禮物。」

「看起來好精美喔！」我由衷地說，回頭瞥向剛剛放在床上，裝了我的青蛙娃娃，單調得可憐的紙袋。

「奕婷對包裝這方面好像也滿有天分的。」學長微笑著把紙袋裡的東西拿了出來，「是條她親手編織的圍巾。」

「好厲害喔！」我伸手摸了摸學長手中的淡藍色圍巾，再看了一眼我那個單調的紙袋。

「對了！我都忘記看小蛙送的禮物了。」

看學長轉身準備拿起裝著青蛙娃娃的紙袋時，我急忙喊住學長，「等一下！」

「啊？」

我趕在學長之前，飛快地坐在床上將紙袋放在背後，「我的禮物……」

「怎麼了？」學長微微地笑了笑，瞇起了眼。

「我……」

「怎麼了？」學長又問了一次，語氣很溫柔。

「我的禮物很遜很遜……所以……」我低下了頭。

「所以不打算送我了嗎？」

「是有一點這麼想，但是我真的很想讓學長知道我的心意，另一方面，我又不敢看見學長拆開禮物時失望的臉，我……」我抬頭看著學長，一樣是大角度的仰角。

學長溫柔地摸摸我的頭，「其實只要是小蛙送的禮物，我想我都會喜歡的。現在可以放心地給我看了嗎？」

「嗯。」我害羞地把藏在背後的紙袋拿了出來。

學長接過紙袋，坐在我身旁，小心翼翼地從裡頭拿出一個大大的禮物紙盒，看著我，揚起了眉，「我要拆開囉！」

「不可以笑喔！」我不忘叮嚀，心裡七上八下的。

學長帶著微笑，從盒子裡拿出娃娃，像是欣賞著什麼有趣的事物般看著。

「是不是很醜？」我微微側身，擔心地問學長。

「不會……」學長像在思考什麼般的，目光始終停在娃娃身上。

「真的嗎？」

「真的。這是屬於我的青蛙娃娃嗎？」學長用他的右手拇指，輕輕碰觸著娃娃身上那個有點變形的粉紅色愛心。

「是啊！這個愛心有一點點變形了，沒辦法，我真的不太會縫這種東西。」我苦笑了一下，想站起身的同時，卻被學長抓住了手。

「小蛙……」學長溫柔地叫住我，施了點力道，讓我坐回他的身邊。

「學長？」

「那個手機袋，也是妳送的吧？」

「學長怎麼知道的？」我看著學長的側面，發現從這個角度看他的眼神真的很迷人。

「我早該想到了，」學長一手拿著娃娃，另一手仍然抓著我的手，「真是的，我知道妳的綽號叫黃小蛙的時候，就應該問問妳是不是那個女生的啊！」

「這不是學長的問題啦！」我尷尬地笑了笑，不好意思地瞄了一眼被學長抓著的手，「有很多人都喜歡青蛙圖案啊！」

「那天，我還在妳面前談論另一個女孩子的事，誤將她當成送我手機袋的人，妳心裡肯定不好受吧？」學長把青蛙娃娃放回我的手裡，邊說邊替我撥了撥亂了的劉海。

「不會，完全沒有。」我用力地搖搖頭，然後急忙揮揮手，「我只是有一點尷尬，不知道該怎麼告訴學長自己就是……」

我的話沒有說完，學長就突然用力地把我擁進懷裡。不只打斷了我的話，還似乎連我說話的能力都徹底地沒收。

靠在學長溫暖而厚實的胸膛，我發現自己心臟撲通撲通撲通地快速跳著。

完蛋了！我會不會因此休克？

學長溫柔地摸了摸我的頭髮，再將雙手輕輕滑到我的肩膀，然後用他那足以讓我窒息的溫柔目光注視著我。

慢慢地……那張帥臉離我愈來愈近、愈來愈近……

近得讓我快要無法呼吸，近得讓我連學長的呼吸都感覺到了，近得讓我不知所措，近得讓我……

「唉呀！娃娃掉在地上了耶。」我彎下腰，把它撿了起來。

「差一點就弄髒了。」學長接了過去，拍了拍它。

「是啊！幸好學長住的地方這麼乾淨。」我笑得眼睛都瞇了起來，在傻傻的笑容裡，我發現心跳還是持續地飆高，而且快要喘不過氣了。

在學長有學長的堅持，而我也有我的固執的情況下，最後我們達成協議，我騎著自己的機車，而學長在後頭跟著我，「送」我回學校去。

「要不要去舞會？時間還來得及喔！」到了校門口，學長將機車暫時停在一旁，走到還坐在機車上的我面前，看了一眼手錶說。

我苦笑了一下，看著學長耳邊的短髮被今晚異常大的風吹得微微飛起，「不了，今天上了一整天的課，眞的有點累了。」

「那我陪妳走回宿舍。」

「不用啦！學長你快回去吧！不是急著寫報告嗎？」

「確定？」

「嗯，我還想到便利商店買點東西。」我撒了謊，但我覺得自己的表情應該還可以讓學長相信。

「那我走了喔？」學長揚起了眉，帥氣地用拇指指著回程的方向，笑著問我。

我點點頭，「路上小心喔！」

「眞是的，沒收到我送的耶誕禮物，」學長很陽光的笑著，然後指著自己的左胸，「這裡。不會有一點點難過或失望嗎？」

「啊？」

「大學以來第一個耶誕夜，沒有舞會就算了，爲了親手把禮物交給我，臉都凍紅了，還沒有收到暗戀了好久的學長準備的禮物，心裡不會有一點點難過嗎？」學長拍拍我的臉，燦爛的笑容裡有種柔軟到不能再柔軟的溫暖，說完，學長從大衣口袋裡，拿出了一個小小的淡紫色紙袋，「耶誕快樂，我可愛的小學妹。」

我呆呆地看著學長手中的牛皮紙袋，除了洋溢在心裡的滿滿感動之外，還有一種想大哭飆淚的衝動。

能夠親手將襪子娃娃送給學長，對我來說已經是無比開心的事情了，我根本從沒想過自己會有這麼一天，能夠收到學長爲我準備的耶誕禮物啊！

「謝謝……我沒想到學長有準備……」
學長溫柔地笑了笑，「其實就算妳沒來找我，晚一點我也會把禮物送到宿舍給妳的，不拆開來看看嗎？」
「嗯。」
我撕開了紙袋上的膠帶，學長貼心地幫我把牛皮紙袋裡的東西拿了出來，小心翼翼地放在我的掌心。
在昏黃路燈的映照下，一條好美、好漂亮的銀製手鍊映入了我的眼簾。
「好漂亮喔。」
學長微微地笑著，拿起手鍊體貼地幫我戴上，「喜歡嗎？」
我點點頭，「謝謝。」
「喜歡就好，我可是挑了很久喔！還有，」學長又輕輕拍了拍我的臉，「該說謝謝的人，應該是我才對。謝謝妳的手機袋，謝謝妳的青蛙娃娃，還有，謝謝妳一直這麼這麼地喜歡我。」
「學長……」我吸吸鼻子，努力地克制住鼻腔裡那股蠢蠢欲動的熱流。
「耶誕快樂。」學長又露出了溫柔的笑，然後用他的食指輕輕地碰了一下我凍冰了的鼻子，「希望下一回，妳不會躲開我的吻。」
「我……」
「開玩笑的，瞧妳緊張的，我先走了喔！」學長輕輕敲了一下我的安全帽，我的安全帽還因此發出了「叩」的聲響。

「路上小心！」我揮揮手，看著學長走向機車，坐上去，然後戴上安全帽，發動引擎，往剛剛來的方向離去。

我低頭看了一眼左手手腕上的手鍊，再看向學長愈來愈遠的背影，終於忍不住從剛剛就一直盤踞在鼻腔與眼眶之間的熱流，看著學長的視線也愈來愈模糊。

站在校門口，我像個笨蛋一樣，哭得一塌糊塗。

爲了不讓哭泣的自己和耶誕夜的幸福氣氛格格不入，我將機車轉了彎，往市區騎去。邊哭邊騎，邊騎邊哭，隨著距離學校體育場傳來的熱門音樂與主持人超high的聲音漸漸變小，我的眼淚終於愈來愈無法克制，拚命拚命地往下掉。

我滿腦子想的都是學長、學長、學長，想著學長愈來愈靠近我的臉，想著不知所措的自己躲開了學長的吻，想著學長把耶誕禮物送給我的時候所說的話，想著學長溫柔地幫我戴上手鍊的樣子……

從以前到現在，這些和學長互動的畫面，不就是我一直以來夢寐以求的夢想嗎？收到學長特地挑選的耶誕禮物，讓學長擁在懷裡，不就是最讓我感到幸福的事情嗎？那爲什麼我的心這麼不踏實、情緒這麼複雜？明明應該開心得大笑的我，眼淚竟然不受控制地往下掉？

難道我的心，早在不知不覺中，產生了什麼我還沒察覺的變化？

一路上，伴隨著複雜情緒的眼淚始終陪著我，直到經過了百貨公司，看見那棵閃閃發亮的超大耶誕樹時，我想起當時和昊澤一起在這裡掛上幸福小卡的情景，於是停下了機車。

卡片還在嗎？這是我唯一的疑惑。

一個人哭泣的耶誕夜，有這麼幸福這麼美麗的耶誕樹陪我，有什麼不好？反正，我也沒地方去不是？

下了車，對著後照鏡，我擦了擦眼淚，試著讓自己的情緒平靜一點，也許沒什麼用，但我希望自己還是盡可能不要太狼狽，至少讓自己看起來還算ＯＫ。

拿著手提包，我一步一步邁向在視線裡愈來愈壯觀的耶誕樹，一步一步走向當初掛上卡片的大概位置。

憑著印象，或者該說卡片上那個青蛙貼紙過於明顯，我沒有花太多的時間，就找到當初我的那張卡片。

然後，站在與自己比例相差懸殊的耶誕樹前，當那張貼著青蛙貼紙的卡片映入我眼簾的那一刻，我的眼淚再次撲簌簌地落了下來……

從模糊的視線中，我驚訝地看著那張幸福小卡，它和其他的小卡一樣，都有著被雨水打濕之後又被烈日曬乾的皺折與痕跡，唯一不同的是，其他小卡上的字跡有的已經因爲雨水的關係變得模糊不清，而躺在我的幸福小卡上的每一個字，雖然淡淡地泛著被雨水暈開的藍，但是在暈開的藍色顏料中間，都被重新描上了我原本所寫的字。

我伸出手，想拿起卡片仔細看個清楚，才注意到我的卡片和另一張卡片綁在一起，而那張卡片上面寫了：

我會用最大的努力守護黃小蛙，守護她所有的夢想。

直到她最喜歡的他牽起了她的手，而她臉上漾著幸福的微笑。

取下卡片，我跌坐在耶誕樹旁的石製涼椅上，紊亂的心情好像全部揪在一塊兒，我從手提袋裡拿出手機，在電話簿中的「會計小天使」那一格按下綠色撥號鍵。

等待接聽的嘟聲響了很久，昊澤都沒有接聽。冰冷的語音告知嘟聲後將開始計費的同時，我按下了結束通話鍵。

緊握著手機，我陷入了一種極大的矛盾中，我發現自己明明想和昊澤說話，卻又不想讓他知道我現在正在哭泣。明明想再撥第二次、第三次……撥到他接聽電話，又因爲想起了禹琪對他的感情而躊躇。

我看著手機螢幕，決定再按一次撥號，這一次同樣轉進了語音信箱。

我清清喉嚨，並且極力地把因爲哭得過於傷心而急促的呼吸平緩下來，在「嘟」了一聲後，我慢慢開口。

「昊澤，我收到你給我的祝福的力量了……謝謝你。」我用力擦著又流了下來的眼淚，仰著頭試著不讓眼淚流下，「還有……耶誕快樂……」

我其實還想多說些什麼的，可是再也壓抑不了自己幾乎快要崩潰的情緒，在一閃一閃幸福的耶誕樹前痛哭。

「坐在這裡不冷嗎？」

「昊澤？」把靠在弓起的膝蓋上的下巴抬了起來，看見昊澤臉上淡淡的微笑，心裡好像浮現了一種安心，「你怎麼知道我在這裡？」

「因爲妳留言裡說什麼祝福的力量，我這麼聰明，當然很容易就猜到啦！」昊澤呵呵地笑了，拿下自己脖子上的圍巾，體貼地替我圍好，「這麼幸福的節日，一個人在這裡難過流眼淚，其實不太適合喔！」

我擦了擦眼角和兩頰的淚，「我是感動，才不是難過。」

「是嗎？」昊澤靠了過來，揚起了眉。看他睜大眼睛的樣子，我甚至有點覺得可愛。

「當然。」我撇過臉，再次把下巴靠在膝蓋上。

「因爲我的卡片而感動嗎？」

「一部份是。」我苦笑了一下。

「沒想到妳會發現。」昊澤拿了我手中的兩張小卡，看著。

我盯著昊澤，發覺他即時的出現消除了我心裡的孤單。

「怎麼了？」昊澤輕輕敲了一下我的頭，「看著我發呆？還是在想什麼？」

「沒有……」

昊澤站起身，走到耶誕樹前，把卡片小心翼翼地掛回去。「把它放回樹上，我相信有耶誕樹的加持，黃小蛙的夢想很快就會實現喔！」

「謝謝你。」我笑了笑，看著凝視著耶誕樹的昊澤，這才發現原來自己在很多時候，好像都對他有某種程度上的依賴。

「對了，妳知道已經超過門禁時間了嗎？」

「啊？」看了手錶，果然已經凌晨一點多。唉，我又再次忘了門禁。

「換句話說，妳現在要想回宿舍也沒辦法了。」

抿抿嘴，我知道昊澤的話還沒說完，我點了點頭之後，等著他繼續說下去。

「其實應該帶妳回我住的地方休息的，但是……」昊澤笑了笑，「看妳這個樣子，我又像那天一樣控制不了怎麼辦？」

「什麼控制不了？」話才剛說完，我立刻就恍然大悟，心跳得好快，感覺從臉頰到耳根子都爆紅了起來。

「開玩笑的啦！」昊澤哈哈地笑了幾聲，捏了捏我的臉，「我只是不想讓妳擔心或有壓力而已，走！」

「去哪裡？」

「一個可以讓心情不好的人放鬆一下的地方，走！」昊澤拉住了我的手。

「唉唷！」我站起身，但卻因爲維持同一姿勢太久的關係，雙腿痠麻得很。

「腿麻了？」

「嗯，等我一下。」

「我背妳，來。」

「那我就不客氣囉！」我嘿嘿嘿地笑著。

「上來吧！」昊澤微微蹲了下來，伸手拉了我一把，就這樣把我背了起來。

「那個地方在哪裡？」

「離這裡大約兩個路口的地方。」

「如果我太重的話，就讓我自己走吧！」

「放心，我可以的。」

我轉頭看著剛剛的耶誕樹，「昊澤……」

「怎麼了？」

「原來接近一百八十七公分的高度看見的耶誕樹，真的和號稱一百六的高度看見的不太一樣耶！」

「笨蛋，如果以後學長不願意背妳，妳又剛好想用一百八十幾公分的高度看世界的話，請直撥搬蛙工人專線。」

「什麼搬蛙工人啦！」我嘟起了嘴，用力地在昊澤的後腦杓敲了一記，「不管！我要下來了！」

「好好好！我道歉。」昊澤笑了。

「那還差不多。」我輕輕靠著昊澤的背，雖然心裡的複雜感受並沒有完全消失，但是此刻的我，卻有一種很紮實的安全感。

眞的是一家能夠讓人放鬆心情的好店，餐點好吃，果汁好喝，就連我和昊澤討價還價之後，得來不易的一杯酒精濃度不到五的調酒都很好喝。

從那家店離開時已經凌晨五點多，因爲是冬天的關係，天色還是暗的，想想，現在回宿舍也還進不了門，所以在昊澤的提議下，我們決定前往到距離稍遠的港口，坐在堤防上等待日出。

「騎了這麼遠的路，冷嗎？」

「還好，」我拉了拉脖子上的圍巾，「因爲我有一條超保暖的圍巾。」

「嗯，爲什麼心情這麼不好？」

「誰說……」

「還倔強啊！」昊澤打斷了我的話，抿抿嘴，「眼睛哭得這麼腫，還說不是心情差。」

我苦澀地笑了笑，發現前方的天空已經微微泛了一點點日出的白，「其實……我也說不上來耶！只是情緒太紊亂，一時不知道該怎麼辦。」

「還以爲是學長欺負妳了。」

「當然不是，」我嘟起了嘴，假裝揮拳輕輕地打在昊澤臉上，「學長這麼溫柔，又不是你這個暴力鬼，怎麼可能會欺負我！」

「是是是！黃小蛙的學長是全世界最優的男人。」

「當然囉！」我得意地點點頭，想起自己先前不自覺躲開學長的吻，心裡又浮現了那種複雜的感覺，於是我擠出笑容，「現在不想說這些了啦！我黃小蛙現在要好好地迎接日出，迎接新的一天！」

「好，不說這些難過的事，就迎接新的一天吧！」昊澤也笑開了，望向前方愈來愈亮的天色。

「嗯。」我點點頭，暗自期望新的一天能過得開開心心的，「對了，忘了問你，昨晚的舞會好玩嗎？」

「還好，何況一接到妳的留言，我就火速衝到市區找妳，所以……」

「所以是怪我阻斷了你的豔遇機會囉？」

他故意無奈地點點頭，「是啊！」

「可惡。」我把脖子上的圍巾繞緊一些，清晨的海風眞叫人不敢領教。

「妳看！太陽慢慢露出來了。」

「是啊……」

「小蛙，妳閉上眼睛。」

「嗯？」我看著身旁的他。

「妳喔！我是叫妳閉上眼睛，不是叫妳睜大眼睛看著我。」昊澤拉了拉我的馬尾。

「誰知道你會不會偷襲我，把我推進海裡。」我睨了他一眼。

「想太多，快！閉上眼睛。」

「好啦！」我閉上眼睛。

「好了，睜開吧！」

我眼睛一睜開，立刻看見眼前搖晃著一個鑰匙圈，用類似水晶的材質做出青蛙笑臉。

「耶誕快樂。」

「謝謝。好有質感喔！」我接過鑰匙圈，開心地晃了晃，在日光的映照下，水晶散發出特殊的光。

「看看小牌子上面寫的字。」

經過昊澤的提醒，我這才發現小小的銀色牌子上寫了兩個字，「守護？」

「這隻微笑青蛙會一直守護妳，陪妳哭、陪妳笑，如果它沒空，還有我在。」

「謝謝……」不想讓昊澤發現我又紅了眼眶，只好連忙避開昊澤的注視，看向前方。

今年的耶誕節，對我而言眞的是個永生難忘、悲喜交加，而且跌破眼鏡的日子。

喜的是，在這一天，我終於親手把禮物送給了學長，不再只是偷偷塞進抽屜。更收到了我想也沒想過來自學長精心挑選的禮物，還有昊澤的「守護青蛙」。

悲的是，一個人在寒冷的耶誕夜裡瘋狂大哭，就像個孤單的笨蛋，彷彿和狂歡的幸福人們絕緣。

而跌破眼鏡的則是，在十二月二十五日當天晚上，我們三個依照慣例舉辦耶誕大餐聚會時，呆寶沒有食言，果眞帶來了他的女朋友參與聚會，而他的女朋友竟然就是跌破了我「蛙鏡」的育鎂！

詳細的過程，他們堅持暫時保密，呆寶只是告訴我，他突然發現陪在他身邊的人不是系花小姐，是和他一起上山下海的育鎂。而育鎂則用少有的嬌羞笑容告訴我，很多情侶的感情淡了，最後只能靠習慣維持，但她和呆寶是因爲一直以來習慣彼此在身邊的陪伴，才會忽略了自己對對方的喜歡，直到現在才發現。

總之，當呆寶摟著育鎂的肩，笑瞇瞇地看著我說：「我的女朋友，就是育鎂。」的那一刻，儘管我眞的差一點把嘴裡的飲料噴在呆寶臉上，然而看著呆寶和育鎂笑得幸福快樂，當然是由衷地替他們感到開心與喜悅。

吃完耶誕大餐後，我告訴了他們我和禹琪的賭注，並且邀請他們等我和禹琪約好時間，大家一起去吃一頓高級晚餐。

我知道這個消息的當天，興奮地急著衝回宿舍想告訴禹琪，她眞的贏得賭注，可以找個時間約吃飯了。不過，我等到門禁時間過了，禹琪都沒有回來，連張紙條也沒有看見，我連打了幾通電話也都沒有接聽，隔天，我還是從惠欣的口中才知道，禹琪請了兩天的假回家，連同星期六、星期日，總共回家四天。

禹琪回家的這四天，我每天都會固定打三、四通電話找她，不過，不論是撥手機或是撥打通訊錄上的電話號碼，都沒能和禹琪說上話。

所以，在禹琪回宿舍的今晚，我特地保持清醒，邊看小說邊等她回來。

「禹琪？妳終於回來了，我好想妳喔！妳有沒有聽到我的語音留言？呆寶和育鎂果然在一起了耶！」禹琪走進寢室時，我立刻從床上跳下來，對提了一大袋行李的禹琪興奮地說。

「我聽了。」

「那我們再一起約個時間吧！對了，這幾天妳怎麼都沒接我電話啊？」我看著禹琪，順手幫她把裝了幾袋餅乾的購物袋放在桌上。

「因爲我不想接。」禹琪冷冷的，站在她的書桌前，把行李袋裡的東西一一歸位。

「爲什麼不想接？」我納悶地看著禹琪。

「因爲我討厭妳。」

討厭？

這一刻，我希望禹琪是開玩笑的，看見的卻是禹琪再正經不過的表情。

「妳說什麼？」

「我討厭妳。」

「禹琪……」我伸出手，拉住禹琪不斷在行李袋裡找東西的手，「我們不是最要好的朋友嗎？爲什麼……」

「最要好的朋友？」禹琪睨了我一眼，語氣高高地揚起，「我們是嗎？」

「我們當然……」

「妳明明就知道昊澤跟我們一起去參加舞會，爲什麼故意要留言給他？」

「我……我只是……」頓時，我想我明白了禹琪這幾天不接我電話的原因。

「妳覺得這種在我面前刻意和昊澤保持距離，私底下搞破壞的行爲很有趣是嗎？」

「禹琪，我沒有。」

「雖然是一群人一起行動，但妳知不知道我眞的很期待能和昊澤一起參加舞會？」禹琪低下了頭，整理東西的動作仍然持續著，她的眼淚就這樣撲簌簌地落下。

我抽了張面紙遞給禹琪，但她卻撥開我的手，自己抽了一張面紙。「我那天眞的是因爲太難過才會想到昊澤，我沒有故意要破壞妳們的意思，對不起！」我向禹琪解釋。

「黃小蛙，我累了，我不想再和妳討論下去了。」

「禹琪……」我急得又抓住了禹琪的手。

禹琪再次撥開我的手，然後冷冷地看了我一眼，「來不及了，我們的友情。」

「不會來不及的，如果要我不理會昊澤的話，我可以……」

可以怎麼樣？可以打死都不理他嗎？

說到一半，我猶豫地止住了話。

然後我開始懷疑，懷疑自己是不是眞的可以不理昊澤。

「我已經不相信妳的保證了，做給我看吧！」禹琪哼了一聲，拿著她的盥洗用具走出寢室。

也許很愚蠢，但我眞的不希望失去禹琪這個好朋友，於是又再次選擇了我最不喜歡的方式，就是減少和昊澤的接觸。

這段日子以來，下了課，我不是在座位上摸東摸西，硬要找誰討論事情，就是裝忙，急急地離開教室。一開始，我還是像往常一樣想和禹琪一起回宿舍，但是幾次下來，她根本沒有要跟我同行的意思，不是拎了包包自行離去，就是和另一群同學一起出去。

昊澤對我還是像以往一樣好，只是每當他轉頭要跟我說話時，禹琪那句「來不及了，我們的友情」，就會像個魔咒般刺耳地「嗶嗶嗶」作響，提醒我不得越雷池一步。

從耶誕節過後這將近一個月的時間裡，沒有禹琪陪伴的我雖然不至於成爲獨行俠，但心裡的孤單卻讓我的心情根本好不起來。

「明天的會計期末考，有沒有把握？」昊澤蓋上筆蓋，在老師走出教室時問我。

「沒有。」我聳聳肩，爲了減少和昊澤說話的機會，我飛快地把桌上的東西「掃」進包包裡，因爲禹琪的魔咒已經「嗶嗶嗶」地響起。

「還是我跟我打工的老闆請假，今晚幫妳抓幾題重點，惡補一下？」

「不用了！」我急著站起身，背起了背包。

「小蛙！妳不擔心被當嗎？」昊澤也站了起來。

「我會自己努力，今天不睡覺了。」

「黃小蛙！」昊澤伸出手，抓住轉身準備離開的我。

「幹麼？」

「妳這樣亂讀一通，倒不如我……」

「不用了！」我皺起眉頭打斷昊澤的話，心情莫名地緊張起來，因爲往禹琪的座位看過去，發現她正巧往我們的方向看了過來，「我要走了！」

「妳到底是在逃避什麼？」

「我沒有。」我趁機又往禹琪的方向看去，發現她仍看著我和昊澤，「我要回去讀書了。」

「跟我走！」昊澤完全不理會我的話，拉著我的手往教室後門走去。

「你要幹麼啦！放開我！」我拚命掙扎，昊澤還是緊抓著我的手不放，拉著我快步地走，直到把我帶到走廊的盡頭才放開。

「妳在逃避什麼嗎？」

「沒有。」我撇過臉。

「我不相信。」

「眞的沒有。」我刻意把臉部表情繃得緊緊的。

「妳以爲我是第一天認識妳嗎？」

「不相信就算了。」

昊澤嘆了一口氣，「發生了什麼事嗎？」

「沒有。」

「我不相信，如果不是發生什麼事，妳的態度不會轉變這麼大。」

「你不相信也沒辦法，眞的什麼事也沒發生。」說完，我咬著牙，然後想到禹琪那張冷冷的臉。

「難道我眞的給妳這麼大的壓力？」昊澤將手放在我肩上，沮喪表情似乎到了最高級的程度。

「……」我撇過了臉。

「是嗎？我喜歡妳就眞的給妳這麼大的壓力？」昊澤的手略施了力道，懊惱地問我，「是嗎？」

「是！」我大吼，「就是給我很大的壓力，我甚至討厭你，討厭你喜歡我！」

「小蛙，」他的手略施了力道，一時之間，我突然分辨不清顫抖的是他的手，還是我的肩膀，「妳看著我。」

「不要。」

「請妳看著我，再把剛剛的話說一次。」

「好，」我仰起那個熟悉的仰角，用冷冷的目光看著他那雙沮喪至極的眼睛，豁出去地說：「我眞的很討厭你喜歡我！」

他厚實的胸膛因爲深呼吸的關係起伏得很大，我知道他非常努力地想控制住自己的情緒，「我知道了，是我太大意以致於忽略了妳的感受，對妳造成的困擾，我眞的很抱歉。」

說完，他挪開了放在我肩上的手，轉身離去，頭也不回地。

在昊澤轉身離去的那一瞬間，我的眼淚不爭氣地落了下來，而且，我知道這一次我已經徹徹底底傷了他的心。

「小蛙，要不要跟我們去環島？」

「我沒有興致。」我搖搖頭，微微抬起視線，看著飄了幾朵白雲的淡藍色天空。

因爲高中同學會正巧辦在寒假開始第一天的關係，考完最後一堂的期末考試，我便回宿舍收了行李，和呆寶及育鎂搭夜車回家。

剛參加完高中同學會，我們三個特地回到畢業的高中，像從前蹺掉最後一堂自習課時一樣，三個人在司令台後方的階梯上，背靠著牆排排坐著，天南地北地聊天。

「怎麼了？剛剛不是還接到學長打來的電話？這次怎麼沒有以前那種興奮得快飛起來，會開心一整天的樣子？反而愁眉苦臉的？」

「沒什麼。」我聳聳肩，又不自覺地嘆了一口氣。

「小蛙，到底怎麼了？以前講到環島，妳不是最開心的嗎？」育鎂睜大了眼睛，誇張地搖晃著我，「妳不是黃小蛙對不對？是哪個妖怪冒充的？」

「育鎂……」面對育鎂逗我開心的舉動，我還是笑不出來，於是嘆了一口氣，「我心情不好，哪兒也不想去。」

「幹麼心情不好啦！」呆寶戳著他的鬍渣，「不會是在在意禹琪吧？」

「嗯……」

「其實那些事也不全是妳的錯啊！」呆寶的音量變大了些。

「是啊！」育鎂用力點點頭，「昊澤也是妳的好朋友，怎麼想都覺得實在是禹琪太小心眼了。」

「也許是我太過分，才會傷害到她。」

呆寶不以爲然地說，「難道她就沒有傷害到妳嗎？她眞的把妳當成好朋友？」

我嘆了一口氣，重新把在宿舍樓梯口和禹琪的對話敘述了一遍，「我想，如果我那時候告訴她我也喜歡昊澤的話，她一定……」

「一定什麼？」育鎂揚起了眉，滿滿的不屑，「一定會讓給妳？」

看了看育鎂那不屑的眼神，我把目光移向前方的藍色天空，「也不一定是讓，總之她是把我當成好朋友，才會這麼受傷、這麼生氣的。」

說著，我想起了這段日子以來和禹琪之間的變化，以及這陣子自己鼓起勇氣想和禹琪和好，卻總碰了一鼻子灰的過程。接著我想起了會計期末考前一天，和昊澤在走廊吵了一架，而我還大哭了一場。

「黃小蛙，妳眞的想太多了。」

「是嗎？我只知道，我不喜歡這樣冷戰。」我弓起了膝，將下巴靠在膝蓋上。

「小蛙，我覺得妳的問題並不在禹琪身上。」育鎂搖搖頭，正經得不得了。

「什麼意思？」我轉過頭，但下巴仍靠在膝上。

「我覺得妳該思考的，是心裡最深的那一塊。」

見我一臉疑惑，呆寶接了育鎂的話，補充說明，「妳應該好好地想想，自己對昊澤究竟是怎麼樣的感情。」

「沒錯，」原本坐在我身邊的育鎂突然站了起來，然後蹲在我面前，認眞地看著我，「小蛙，我覺得妳眞的需要好好地沉澱一下，想想看，自己的心是不是早就悄悄地喜歡上昊澤了。」

呆寶似乎也認眞了起來，「如果眞的喜歡昊澤，就更該想清楚，因爲禹琪小心眼的幾句話和昊澤搞得這麼僵，眞的値得嗎？」

「我不知道，我眞的不知道……」

我說得很無力，但我眞的什麼都不知道，因爲所有的一切都這樣混亂地攪和在一起：和禹琪冷戰、和昊澤大吵一架、明明喜歡學長卻又避開了學長的吻……總之，這一切的一切都讓我失去了思考的能力。

「黃小蛙，妳不能不知道，妳必須試著想清楚。」

「我……」看著正經地盯著我看的育鎂，我的眼眶不禁紅了起來，然後眼淚一顆一顆落了下來，「我以爲學長在我心裡始終是無敵的，但是這一切好像有一些改變，我不是刻意把昊澤和學長放在同一個天平上比較，但我發現……我發現……」

「發現什麼？」

「我發現當我開心，我會想和昊澤分享，當我難過，第一個就想找他訴苦，他在我的生活裡似乎變得愈來愈重要……」

「重要到已經超越了對學長的喜歡吧！」

「好像……是這樣沒錯。」

「小蛙，」育鎂笑了笑，「我現在確定妳眞的喜歡上昊澤了。」

「嗯？」

「其實我和呆寶從很早以前就一直這麼覺得了，直到上次妳說妳避開了學長的吻，我們就更往這方向猜。而且，這是妳第一次這麼坦白，承認昊澤在妳心裡的重要性。」

「小蛙，正視自己的感情吧！」

和育鎂與呆寶聊過之後，我好像被點醒了，徹徹底底地思考過後，我終於看清楚自己眞正的心意。

原來，總是在日常生活中陪在我身邊的昊澤，早已不知不覺地在我心中變得重要。遲鈍的我，卻因爲學長的存在，始終忽略了自己對昊澤與日俱增的喜歡與依賴。

現在，我終於確認了自己對昊澤的感情，也終於發現在這之前的自己，似乎只是因爲潛意識裡拒絕去面對，才會忽略了自己內心的變化。而我也終於了解，原來自己對學長的喜歡，其實是一種早就習慣了的迷戀，一種早就習慣了的夢想，以及一種不切實際的想像。

和我對昊澤的喜歡，是完完全全不同的。

我可以在昊澤面前自在地大笑、放肆地大哭，但在學長面前，我卻要擔心學長對我的看法，小心翼翼地處理每一個情緒。

我想清楚了這樣的差異，並且整理好自己的情緒之後，我鼓起勇氣，撥了手機給禹琪。

「禹琪？」嘟聲才響了兩聲，禹琪便接起電話。

「是的。」

「呃……」因爲沒料到禹琪會接電話，所以突然間，我竟然不知道該說些什麼，「我以爲妳不會接我電話，沒想到……」

「因爲我這幾天也正好想打電話給妳談談。」

「啊？」

「等我一下，」禹琪說完的幾秒後，話筒裡傳來的電視吵雜聲完全停止，「回家的這幾天，我想了很多，對不起。」

「禹琪……該說對不起的人，我想應該是我，」我縮起了腳，將整個身體窩在客廳、沙發上，「是我忽略了妳喜歡昊澤的心情，就像妳說的那樣。」

「不！記不記得我說過，昊澤心裡早就有人住進去了？」

「嗯。」

「其實我早就知道他喜歡的人是妳了，」電話那頭，禹琪輕嘆了一口氣，語氣中沒有憤怒，只有淡到不能再淡的平靜，「請原諒我的自私，在樓梯口說那些話都是我故意的，是我利用了自己和妳之間的友情，是我濫用了妳對我的重視，小蛙，妳也喜歡昊澤吧？」

「我……」停頓了幾秒，我發現自己又開始猶豫該不該說出口，儘管一開始打電話給禹琪，目的本來就是要向她坦白我對昊澤的感情的。

「黃小蛙！妳到底在猶豫什麼？我最欣賞妳的，就是妳對愛情的勇敢，爲什麼現在的妳會這麼猶豫？連個喜歡也不敢說出口？」禹琪平靜的語氣中，終於有了一些激動，「妳這樣，就不像我最要好的朋友黃小蛙了。」

「禹琪……」我吸了一口氣，「對不起，我以爲自己是喜歡學長的，一直到最近，我才發現我早在不知不覺中喜歡上昊澤了，我不是刻意隱瞞妳，更不是存心要破壞什麼。」

「我懂，呵！輸給一個勇敢面對愛情的黃小蛙，比輸給一個處處退讓的黃小蛙要來得有面子多了。昊澤很個搶手的男生喔！小蛙可要好好把握。」禹琪的聲音輕輕柔柔的，並且用一副很輕鬆的語氣說著，但我知道此刻她的心裡一定很難受。

「我會的，就算他被我氣到再也不理我了，我還是會像追求學長那樣追他的！」

「加油，黃小蛙。」

「嗯，」我又不自覺地點了點頭，「還有，眞的對不起……」

「我不需要妳的道歉，因爲好朋友之間是不需要說抱歉的。」

聽完禹琪的話的瞬間，我又感動得哭了，這段日子以來的烏雲好像突然散去，天空好像突然晴朗了起來。

還是語音？

我坐在堤防上，無奈地按下結束通話鍵。

在與禹琪誤會冰釋之後，我幾乎每天都會打上八九通電話給昊澤，不過每一次都是機器語音禮貌卻冰冷地告訴我「未開機」。

儘管如此，我還是會在每天睡前的最後一通電話，留上一小段留言。從第一天對於那次吵架的事安安分分地道歉，到第二天拜託昊澤原諒的卑微話語，到第三天告訴昊澤前陣子自己心裡的矛盾，再到第四天對於昊澤不開機的小小抗議……一直到第七天威脅昊澤再不開機就要把他手機丟進大海的怒罵。不管我怎麼無所不用其極，都還是沒能接到他的來電。

我看著前方幾乎和天空連成一片的大海，因爲無聊，順手再按了一次重撥鍵。

這一次，雖然語音沒有告訴我未開機，電話明顯地接通並且響了好幾聲，最後還是轉進了討厭的語音信箱。

「昊澤，你爲什麼不接我電話？是不是因爲還在生氣？無論如何請你回個電話好嗎？因爲我有一件很重要的事情想告訴你，哈啾！唉呀！不說了，總之，我等你的電話。」按下紅色的結束通話，我拉起大衣拉鍊，並且戴上大衣的連身帽，靜靜看著遠方漂在海上的漁船。

然而就在我又打了第二次噴嚏時，有人體貼地替我披上了一件大大的外套，坐在我身邊，「再這樣下去會感冒的。」

這個聲音？

「昊澤？」我揉揉眼睛，以爲自己產生了幻覺，「你怎麼會來？」

「不是找妳會是找誰？」

「你怎麼找得到這裡？」這個堤防，算是我和育鎂他們的祕密基地。

「買通了妳的好朋友們，才問到這個地方的。」昊澤攤開手，一副很欠打的模樣。

「可惡，竟然出賣我。」我嘟起了嘴喃喃自語。

「呵！不這麼做，我怎麼找得到這麼神祕的一角？」

「也對，」我看著昊澤的側臉，那種熟悉感再次從心裡浮了上來，那是一種安心、一種很舒服的感受，「之前的留言，你都聽了嗎？」

他點點頭，「是啊！前天全都聽過了。」

「那爲什麼不回我電話？過分耶！」我重重地哼了一聲，搥了他的肩膀一拳之後，立刻站了起來。

他哈哈地笑了兩聲，也跟著我站起身，然後笑著說，「不這樣懲罰妳一下，眞的愧對自己受傷的靈魂啊！妳說討厭我喜歡妳的那種話，眞的不是普通傷人啊！」

「哼，你不是陽光男孩嗎？這麼陽光，也會受傷啊？」

「最好天天都是晴天啦！」他敲了一記我的頭，臉上是那種久違了的陽光笑容，「對了，妳剛剛要告訴我什麼很重要的事？」

「反正你也不希罕我的留言啊！幹麼想聽？除非你求我。」我的下巴得意地高高仰起。

「好，」他聳聳肩，「求妳。」

「辦不到。」

「辦不到的話，我就把妳丟進海裡喔。」他笑著，像那次在雨中大吵時一樣，突然把我騰空抱起，然後作勢要把我丟進海裡，「說不說？」

「放我下來啦！」被昊澤抱著想要掙扎，但一看見前方的海，立刻變成了膽小鬼，像一塊僵硬的木頭讓憑他宰割，「好啦！我說就是了。」

「這才乖嘛！」他把我放了下來，像哄孩子般拍了拍我的頭。

「那個很重要的事就是……」

「就是什麼？」

我吸了一口氣，再慢慢地吐了出來，「我要爲自己最近對你的態度向你道歉，然後……然後……」

「然後什麼？」昊澤揚起了眉，微笑看著我。

「然後……」

「我喜歡你。」我仰起那熟悉的角度，認眞地看著昊澤。我想我欠他的，就是這句告白的話。

他專注地看著我的眼神，伸出手溫柔地撫著我的髮，彎下了腰，溫柔地吻住我。

「對了，」昊澤和我步行走向附近一家咖啡廳時，突然從口袋拿了一個透明小瓶子，「送給妳。」

「這是？」我接了過來，納悶地看著手中的瓶子。

「日本的海沙。」

「日本？你什麼時候去的？」

「放寒假的第二天開始，自助旅行一個星期，因爲想好好整理一下自己的心情，手機也索性關了，所以才會到前天才聽到妳全部的留言。說起來也很好笑，明明是因爲妳，我才需要整理自己的心情，我卻還是忍不住裝了那裡的海沙想送給妳。」

「昊澤……謝謝你。」我把瓶子高高地舉著，在和煦的陽光映照下，我彷彿看見了瓶子裡的沙閃著光芒。

「下一次，帶妳一起去玩。」

「眞的嗎？」我看著眼裡有無限溫柔的昊澤。

「當然是眞的，可以的話，我會帶妳去看所有妳想去的海，然後一起收集那裡的沙，等我們老了，可以坐在剛剛的堤防上一起回憶。」昊澤邊說，邊緊緊握住了我的手，和我晃著晃著往前走去。

「嗯。」我走在昊澤身邊，感受他手心傳來的溫暖，好像連強勁的海風都不再讓我感到寒冷。

「對了，學長呢？」

「什麼意思？」我歪著頭問。

「妳不是在留言裡提到，妳已經跟學長說清楚了嗎？」

「對啊！」我點點頭，「我告訴他，他是我心裡最不切實際的夢想，但是昊澤……才是眞正能讓我安心、眞正讓我想在一起的人。」

「妳喔！連感情也遲鈍。」昊澤敲了敲我的頭，淡淡的微笑漾在他嘴角。

「咦？不對喔！你這麼在意學長，該不會是吃醋吧？」我高高地揚起了眉。

「吃醋多少是有一點啦！」昊澤哈哈地大笑了兩聲，「不過我比較在意的是，我不怎麼喜歡和自己的隊友心裡有什麼芥蒂。」

「隊友？學長怎麼會是你的……」我尖叫了一聲，然後大步一跨，停在昊澤面前，「你決定要加入籃球校隊了？」

「不是決定，是已經確定開學前一個禮拜開始練球。」

「眞的？」我還是開心地喊了出來，抓著昊澤的手興奮地跳著，「我好開心喔！」

「不過，」昊澤帶著微笑專注地看著我，用食指親暱地碰了碰我的鼻子，「我希望從此以後，坐在觀眾席看比賽的黃小蛙，目光是集中在我身上的喔！」

「一定的啊！因爲我是喜歡王昊澤的黃小蛙啊！」我仰起號稱一六〇與一百八十七公分之間落差的仰角，看著眼前這個讓自己心跳加快的陽光男孩，心裡有一種甜到不能再甜的滋味。

我緊緊地握住昊澤的手，感覺圍繞在我和昊澤之間的甜甜的味道，似乎連強勁的海風都吹不散。

【全文完】

後記

一種，溫暖的陪伴

「你介意我把『黃小蛙』當作新小說主角的綽號嗎？」

「我有這個榮幸喔？」電話那頭的黃小蛙笑笑地說。沒錯，這個人，就是每當我不能上網時，總是無條件擔任「特派青蛙」，幫我上部落格告訴大家我會慢一點貼新文章的弟弟。

「當然。」我看著電腦螢幕上空白的word檔。

「我會認眞期待的！」

「那我就開始寫囉！」

結束了通話的我，便敲下了這個關於黃小蛙的故事。

除了借用「黃小蛙」這個外號之外，其實從敲下的第一個字開始到故事結束，再到這篇後記，《愛．原來》裡的每一字每一句，對我而言都是深具重要意義的。

比起以往的寫作步調，《愛．原來》的連載速度其實是慢了一些，因爲在這段期間，原本對我而言還算順利的生活中，突然多了很多忙碌、很多壓力、很多的不開心……

愛*原來

在這樣滿是壓力的忙碌生活裡，我一點一滴地寫著小蛙與昊澤的故事，工作累了、想睡了，有黃小蛙的陪伴。壓力大了、想哭了，有小蛙和昊澤之間甜蜜的互動讓自己微笑，然後因爲這樣，讓我更加肯定寫小說、說故事，眞的早已經不知不覺成了我生活中最重要的一部份，更是讓自己開心快樂的一種方式。

呵！故事說完了，不知道此刻讀完了《愛．原來》的你們，心裡是否因此掀起了一波波的漣漪？會因爲黃小蛙和昊澤之間簡單又甜蜜的互動而深深地感動？還是會因爲黃小蛙沒能和學長「修成正果」而惋惜呢？不管答案是什麼，我都眞心地希望你們會喜歡這個故事。

接下來，不免俗地，對於我最親愛的家人、最親愛的Richard、最親愛的朋友，和在部落格上總不忘給予我鼓勵，甚至還可愛地分成「昊澤派」和「學長派」的網友、米卡板對我最好的大家、此刻正在看這篇後記的你們，以及商周出版、編輯，我依然要對所有人大聲說出心裡最深最深的感謝，因爲有你們的鼓勵與支持，《愛．原來》才能幸運地以實體書的方式和大家見面，謝謝你們！眞的太愛你們了！

最後，我要認眞地藉著這篇後記，告訴被我借用了綽號，並且始終以爲黃小蛙是男生，結果在網路上看見連載時才打電話給我，驚呼怎麼把黃小蛙變成女生的我最親愛的弟弟：沒錯！《愛．原來》的黃小蛙，的的確確是個女生。（笑）

Micat

國家圖書館出版品預行編目資料

愛・原來／Micat著. -- 初版. -- 臺北市；商周,
城邦文化出版；家庭傳媒城邦分公司發行,
民 98.09
面　；　公分. --（網路小說；137）

ISBN 978-986-6369-32-2（平裝）

857.7　　98013669

愛・原來

作　　者／Micat
企畫選書人／陳思帆
責任編輯／陳思帆

版　　權／翁靜如
行銷業務／賴曉玲、蘇魯屛
副總編輯／楊如玉
總 經 理／彭之琬
發 行 人／何飛鵬
法律顧問／台英國際商務法律事務所　羅明通律師
出　　版／商周出版
台北市中山區民生東路二段 141 號 9 樓
電話：(02) 2500-7008　傳眞：(02) 2500-7759
email：bwp.service@cite.com.tw
發　　行／英屬蓋曼群島商家庭傳媒股份有限公司城邦分公司
聯絡地址：台北市中山區民生東路二段 141 號 2 樓
書虫客服服務專線：(02) 2500-7718・(02) 2500-7719
24小時傳眞服務：(02) 2500-1990・(02) 2500-1991
服務時間：週一至週五09:30-12:00・13:30-17:00
郵撥帳號：19863813　戶名：書虫股份有限公司
讀者服務信箱 email：service@readingclub.com.tw
歡迎光臨城邦讀書花園　網址：www.cite.com.tw
香港發行所／城邦（香港）出版集團有限公司
地址：香港灣仔駱克道 193 號東超商業中心 1 樓
email：hkcite@biznetvigator.com
電話：(852) 2508-6231　傳眞：(852) 2578-9337
馬新發行所／城邦（馬新）出版集團
Cite(M)Sdn. Bhd.(458372U)11, Jalan 30D/146, Desa Tasik,
Sungai Besi, 57000 Kuala Lumpur, Malaysia.
電話：(603) 9056-3833　傳眞：(603) 9056-2833

封面繪圖／粉橘鮭魚
封面設計／山今伴頁
電腦排版／浩瀚電腦排版股份有限公司
印　　刷／高典印刷有限公司
總 經 銷／聯合發行股份有限公司
電話：(02) 2917-8022　傳眞：(02) 2915-6275

■ 2009 年（民 98）9 月 3 日初版
■ 2013 年（民 102）11月28日初版4.5刷
Printed in Taiwan

定價／180元

ISBN　978-986-6369-32-2

城邦讀書花園
www.cite.com.tw

商周出版

廣 告 回 函
北區郵政管理登記證
台北廣字第000791號
郵資已付，免貼郵票

104台北市民生東路二段 141 號 2 樓

英屬蓋曼群島商家庭傳媒股份有限公司　城邦分公司

請沿虛線對摺，謝謝！

商周出版

書號：BX4137	書名：愛 · 原來	編碼：

請於此處用膠水黏貼

商周出版

讀者回函卡

謝謝您購買我們出版的書籍！請費心填寫此回函卡，我們將不定期寄上城邦集團最新的出版訊息。

姓名：＿＿＿＿＿＿＿＿＿＿＿＿ 性別：□男 □女

生日：西元＿＿＿＿年＿＿＿＿月＿＿＿＿日

地址：＿＿＿＿＿＿＿＿＿＿＿＿

聯絡電話：＿＿＿＿＿＿ 傳真：＿＿＿＿＿＿

E-mail：＿＿＿＿＿＿＿＿＿＿＿＿

學歷：□1.小學 □2.國中 □3.高中 □4.大專 □5.研究所以上

職業：□1.學生 □2.軍公教 □3.服務 □4.金融 □5.製造 □6.資訊

□7.傳播 □8.自由業 □9.農漁牧 □10.家管 □11.退休

□12.其他＿＿＿＿＿＿

您從何種方式得知本書消息？

□1.書店 □2.網路 □3.報紙 □4.雜誌 □5.廣播 □6.電視

□7.親友推薦 □8.其他＿＿＿＿＿＿

您通常以何種方式購書？

□1.書店 □2.網路 □3.傳真訂購 □4.郵局劃撥 □5.其他＿＿＿＿

您喜歡閱讀哪些類別的書籍？

□1.財經商業 □2.自然科學 □3.歷史 □4.法律 □5.文學

□6.休閒旅遊 □7.小說 □8.人物傳記 □9.生活、勵志 □10.其他

對我們的建議：＿＿＿＿＿＿＿＿＿＿＿＿

請於此處用膠水黏貼